Ein WAS IST WAS Buch

Wunderwelt der Bienen und Ameisen

von Ronald N. Rood

Illustriert von
Cynthia Iliff Koehler
und Alvin Koehler

Deutsche Ausgabe
von
Otto Ehlert

Wissenschaftliche
Überwachung durch
Dr. Paul E. Blackwood
vom U. S. Gesundheits- und
Erziehungsministerium
Washington, D. C.

DEUTSCHES
DJW
JUGENDSCHRIFTENWERK

NEUER TESSLOFF VERLAG · HAMBURG

Vorwort

Dies **WAS IST WAS**-BUCH schildert die wesentlichen Eigenheiten der staatenbildenden Insekten: Bienen, Wespen, Ameisen und Termiten. Es berichtet von „tanzenden" Bienen, von den geheimnisvollen Papierpalästen der Wespen, den grausamen Heerzügen der Wanderameisen und den merkwürdigen Geschehnissen in den Bauten der Termiten.

Oft mag das Verhalten dieser Insekten recht seltsam erscheinen, bei näherer Betrachtung erweist sich jedoch, daß sie sich so verhalten müssen, um ihre Nester und ihren Staat zu schützen.

Es gibt kaum etwas Interessanteres, als staatenbildenden Insekten bei ihren verschiedenen Tätigkeiten zuzuschauen. Dies **WAS IST WAS**-BUCH gibt auch einige Anregungen, wie man sich ohne besondere Mühe und Kosten geeignete Terrarien bauen kann.

Selbst die kühnste Phantasie reicht oft nicht an die Wahrheit heran. Wer daran zweifelt, sollte einmal die Lebensgewohnheiten der staatenbildenden Insekten beobachten. Das Verhalten dieser sechsbeinigen Tiere offenbart Dinge, die ungewöhnlicher und erregender sind als der spannendste Roman.

Inhalt

*Das Weibchen des Walnuß-
falters legt die Eier an der
Rinde eines Sumachbaumes
ab und fliegt weiter, ohne
sich um den Nachwuchs zu
kümmern.*

*Die Wespe — ein Mitglied der
Insektenwelt wie der Nachtfalter —
sorgt für ihre Jungen. Das Bild
zeigt einige der vielen
Arbeiterinnen bei der Fütterung der
Jungen im Wespennest.*

Staatenbildende Insekten

Langsam kriecht das Weibchen des
Schmetterlings einen Ast entlang.
Schließlich macht es halt und legt einige
Eier ab, die an der Rinde haften blei-
ben. Das Weibchen aber kriecht weiter,
als wäre nichts geschehen.

Wenn die Jungen ausschlüpfen, sind sie
ganz auf sich selbst gestellt. Es sind
keine Eltern da, die für sie sorgen und
sie beschützen könnten. Bei den meisten Insekten ist es nicht anders. Die

Stechmücke legt ihre Eier auf dem Wasser oder auf dem Erdboden in der Nähe
eines Gewässers ab. Die Gespenster-
heuschrecken lassen die Eier einfach
auf den Boden fallen. Andere Insekten
bringen ihre Eier dort unter, wo die
Jungen später Nahrung und Schutz
finden, und kümmern sich dann ebenfalls nicht mehr um sie.

Umso überraschender berührt es
dann, wenn man eine Wespe beobach-

tet. Sie bringt ihren Jungen Nahrung, kaut sie vor, bis sie weich ist, und stopft sie in die kleinen Münder. Sie beleckt ihre Kinder, streichelt sie mit den Fühlern und baut einen Schutz gegen Sonne und Regen. Naht ein Feind, fliegt sie ihm entgegen, selbst wenn er ihr weit überlegen ist.

Von allen Insekten sorgen nur Bienen, Wespen und Ameisen für ihre Familien. Die Familie wiederum hilft der Mutter beim Aufziehen ihrer Kinder. Insekten, die sich so verhalten und in kleinen Gruppen oder Gesellschaften leben, nennt man „staatenbildende" oder „soziale" Insekten.

Niemand kennt die Ursache dieses Verhaltens, doch hat man etwas Interessantes festgestellt: Wenn die jungen Insekten gefüttert werden, bilden sich bei ihnen kleine Speichelbläschen. Das ausgewachsene Insekt leckt den Spei-

Ameisen und Bienen sind soziale Insekten. Die Feuerameisen auf dem oberen Bild schaffen eine Larve und einen Kokon an einen sicheren Platz. Auf dem unteren Bild belecken zwei Termiten einander. Ein Vorgang, der nach Ansicht der Wissenschaftler dazu beiträgt, die Insektenfamilie zusammenzuhalten.

Eine Biene verteidigt ihren Stock gegen jeden Feind.

chel schnell auf und erzeugt dann noch mehr Speichel, den wieder andere Insekten aufsaugen.

Enthalten diese Speichelbläschen vielleicht eine besondere Substanz, die auf das Zusammenhalten der Insektenfamilie von Einfluß ist? Viele Wissenschaftler vertreten diese Ansicht. „Jedes Insekt", sagte einmal einer von ihnen, „muß für die anderen mit ihm im gleichen Nest wohnenden Artgenossen gleichsam ein lebender Lolli sein." Wie sieht es nun in den Wohnungen aus, die sich diese Insekten in hohlen Bäumen gebaut haben? Was geschieht, wenn sie im Einflugloch verschwunden sind? Dies Buch erzählt die interessante und wunderbare Geschichte.

Bienen

(natürliche Größe)

DIE BURG AUS WACHS

Die Honigbienen fliegen aus allen Richtungen herbei. Jede findet mühelos das Ziel — eine nur 2 cm große Öffnung. Aus dieser Öffnung strömen andere Honigbienen; sie kreisen einen Augenblick und fliegen dann fort. In der Wachsburg der Bienen summt und brummt es vor Leben.

In keiner Fabrik geht es geschäftiger

> **Wie sieht es in der Wachsburg aus?**

zu. Schwere Vorhänge aus Wachs, größer als dieses Buch und viermal so dick, hängen von oben herab, und unzählige Honigbienen stecken auf beiden Seiten ihre Köpfe in Hunderte von kleinen Zellen oder Kammern.

Die Burg enthält 10 000 Räume. Jede

> **Wieviele Räume hat die Burg?**

Zelle der Vorhänge ist eine kleine Kammer für sich. Obgleich man diese Vorhänge meistens als Honigwabe bezeichnet, enthalten viele überhaupt keinen Honig. Die Zellen der „Brutwabe" zum Beispiel haben größtenteils einen kleinen Bewohner — ein Ei oder eine weiße Made, die sich bald in eine neue Honigbiene verwandeln wird. Für die Made ist die Zelle Wiege, Wohn- und Schlafzimmer zugleich, und sie bleibt so lange darin, bis sie sie eines Tages als ausgewachsenes Insekt verläßt.

Die Ammenbienen spazieren über die

> **Was machen die Ammenbienen?**

ganze Brutwabe mit ihren vielen Bewohnern. Sie stecken die Köpfe in die Kammern, füttern und belecken ihre kleinen Geschwister in den Wiegen.

Am Rand der Wabe befindet sich noch eine Kammer, die sich von den anderen Zellen deutlich unterscheidet; sie ist größer und gleicht einer Erdnußschale aus Wachs. Auch sie wird von einer Made bewohnt, die jedoch etwas größer ist als die vielen Tausend anderen Bienenmaden. Diese Kammer muß etwas Besonderes sein. Und sie ist es wirklich: sie ist die Kinderstube jener Larve, aus der sich eine neue Königin entwickeln wird.

Auf einer richtigen Honigwabe ge-

> **Warum dampft die Biene den Honig ein?**

schieht etwas Seltsames. Zahlreiche Bienen bewegen sich langsam über die mit Honig gefüllten Zellen und schlagen mit den Flügeln, als ob sie fliegen wollten. Der dabei entstehende Luftstrom streicht über die Zellen und bewirkt, daß dem süßen Inhalt Wasser entzogen wird. Eine Zelle, die bis zum Rand mit Honig gefüllt war, ist durch das Fächeln am nächsten Tag nur noch dreiviertel voll. Zunächst erscheint es töricht, erst den Nektar aus den Blumen herbeizuschaffen, um ihn dann zu einem hohen Prozentsatz zu verdampfen. Eine Kostprobe zeigt jedoch, daß der Honig nach dem Entzug des Wassers dicker und süßer geworden ist.

Wilde Bienen in einem hohlen Baum. Verschiedene Waben hängen wie Vorhänge in dieser natürlichen Bienenwohnung herab.

KÖNIGIN

DROHNE

ARBEITERIN

Es gibt auch Waben mit Vorratskammern, in denen Blütenstaub oder Pollen gespeichert wird. In einem anderen Teil des Bienenstocks hängt schwer und unbeweglich eine scheinbar unbenutzte Wabe, deren Zellen mit Wachsdeckeln verschlossen sind. Aber der Schein trügt; sie enthalten einen goldenen Schatz — den Nektar, der von den Blumen mitgebracht und im Körper der Bienen durch Zusatz eigener Drüsensäfte in Honig umgewandelt wurde. Jedes Pfund ist das Werk vieler Bienen.

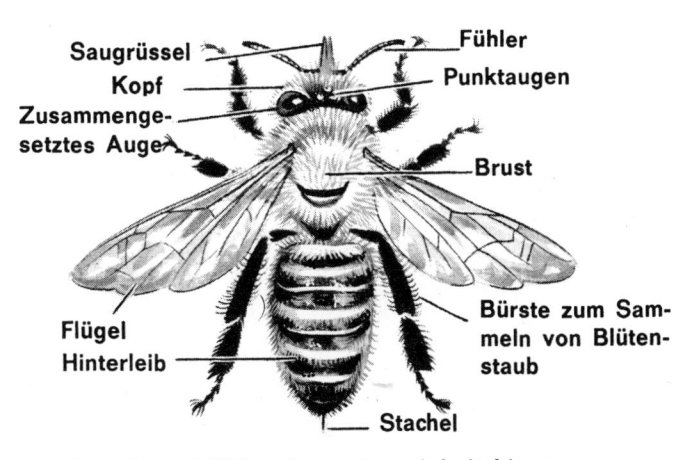

Saugrüssel
Kopf
Zusammengesetztes Auge
Fühler
Punktaugen
Brust
Flügel
Hinterleib
Bürste zum Sammeln von Blütenstaub
Stachel

Gestalt und Körperbau einer Arbeitsbiene.

Der Bau der Königinnenzellen wird besonders sorgfältig ausgeführt. Sie sind größer als die übrigen Zellen und liegen mehr am Rande der Waben, so daß sie mehr Luft erhalten. Einige Zellen auf dem oberen Bild sind gerade im Bau. Die Zelle rechts ist fertig.

Ein lebender Ventilator, um den Stock zu lüften und den Honig zu verdicken.

nicht. Jede Biene arbeitet emsig und aus eigenem Antrieb. Arbeiter jeder Art sind genügend vorhanden: Ammen, Honigfächler, Pollensammlerinnen und Wachshersteller. Wird es im Stock zu heiß, regulieren einige Bienen die Temperatur; sie sitzen auf den Waben und fächeln mit den Flügeln wie lebende kleine Ventilatoren die überhitzte Luft zum Flugloch hinaus. Wird mehr Wachs gebraucht, machen sich andere Bienen an die Herstellung.

Plötzlich taucht eine merkwürdig aussehende Biene auf. Der Kopf scheint nur aus zwei riesigen Netzaugen zu bestehen; ihr Körper ist länger und breiter, und ihre Beine sind anders geformt als die der anderen Bienen. Träge nähert sie sich einer Arbeitsbiene und scheint sie um etwas zu bitten. Die Arbeiterin hält in ihrer Beschäftigung inne und gibt der Bittstellerin etwas Honig.

| **Welche Aufgabe hat eine Drohne?** |

Es mutet seltsam an, einem Müßiggänger wie dieser Biene unter den fleißigen Artgenossen zu begegnen. Tatsächlich ist sie jedoch unfähig, sich selbst zu ernähren, und müßte verhungern, wenn die Arbeiterinnen sie nicht

Häufig müssen sie mehr als 35 000 Flüge unternehmen, um ein einziges Pfund Honig zu erzeugen.

In einem einzigen Bienenstock leben 40 000 bis 70 000 Bienen, und jede einzelne hat eine bestimmte Aufgabe zu erfüllen. Aufseher, die für Fleiß und Pünktlichkeit sorgen, gibt es

| **Wieviele Bienen leben in einem Stock?** |

Wenn die Nahrung im Stock knapp wird, vertreiben die Arbeiterinnen die Drohnen aus dem Stock.

Die Drohne kann sich selbst nicht ernähren und wird von den Arbeiterinnen gefüttert, sonst verhungert sie.

mit Nahrung versorgten.

Und doch hat auch diese Biene eine sehr wichtige Aufgabe zu erfüllen. Es ist eine Drohne, eine von den wenigen hundert männlichen Bienen unter Tausenden von Arbeiterinnen. Die Aufgabe der Drohne beginnt, wenn sich die Königinzelle öffnet und die neue Königin erscheint. Die Drohne versorgt sie dann mit Millionen winzig kleiner Samenzellen, die die Königin in ihrem Hinterleib aufbewahrt. Kurz bevor sie Eier in die Brutwabe legt, befruchtet sie jedes Ei mit einer Samenzelle, damit es sich zu einer neuen Arbeiterin entwickeln kann.

Früher hielt man die Drohnen einmal für faul, weil sie sich an der Arbeit im Bienenstock nicht beteiligen. Heute wissen wir, daß sie gar nicht helfen können, selbst wenn sie es wollten. Ihre Köpfe, Körper und Beine sind von der Natur nicht dafür vorgesehen, kleine vollendete Kammern aus Wachs zu formen. Ja, sie haben nicht einmal einen Stachel, um sich eines Feindes zu erwehren.

Wodurch ensteht das Summen im Stock?

Jeder Bienenstock ist ständig von einem gleichmäßig hohen Summen erfüllt; es entsteht durch die hin- und herschwingenden Flügel der Bienen, während sie ihrer Arbeit nachgehen. Plötzlich wird das Summen lauter, ein Kratzen und ängstliches Piepsen ertönt: eine Maus wollte Honig stehlen. Aber Bienen sind stets wachsam und auf der Hut. Sie greifen den Eindringling an und vertreiben ihn aus ihrem Reich.

Manchmal ist die Abwehr so grimmig, daß die Maus dabei ums Leben kommt. Dann stehen die Bienen vor einer ungemein schwierigen Aufgabe. Es ist, als müßten wir einen toten Elefanten aus unserem Wohnzimmer schaffen. Und das Problem muß schnell gelöst werden, sonst kann der Geruch der toten Maus die Luft im Stock verpesten und den Honig verderben. Aber wie können sich die Bienen dagegen helfen?

Die Antwort ergibt sich aus dem besonderen Baumaterial — Bienenleim und Stopfwachs — dessen sich die Bienen bedienen. Hurtig holen sie die klebrige Flüssigkeit aus den Knospen der Pappeln, Birken und anderer Bäume herbei und hüllen die Maus darin ein. Sobald die Flüssigkeit trocken ist, gleicht sie einem festen braunen Anstrich. Die Maus liegt nun im Bienenstock wie in einem eigenen kleinen Grab versiegelt. Aber das ist nur eine Methode zur Beseitigung von Müll und Abfall. Die Bienen halten

Wie halten die Bienen ihren Stock sauber?

ihren Stock stets peinlich sauber. Alles, was nicht hineingehört, wird schnell und gründlich entfernt. Manchmal zerrt sogar eine Arbeiterin eine sich heftig sträubende Drohne aus dem Stock, als wäre sie ein Häufchen Kehricht. Die Drohne kriecht wieder zurück und erhält einige Minuten später von derselben Biene etwas Honig.

Bis heute steht nicht einwandfrei fest, woher die Bienen wissen, welche besondere Arbeit eine jede von ihnen zu verrichten hat. Aber jede erfüllt ihre Aufgabe so exakt wie ein Rädchen in einer großen summenden Maschine, gleichgültig ob sich der Stock in einem hohlen Baumstamm oder künstlichen Bienenhaus befindet. Wo immer sich Bienen angesiedelt haben, sie bauen stets die gleichen sechseckigen etwa 7 mm langen und 6 mm breiten Zellen. Die Zellen sind so regelmäßig und vollendet gebaut, daß der französische Physiker Réaumur einst anregte, sie als Maßeinheit zu verwenden.

Ein Ei in einer Zelle

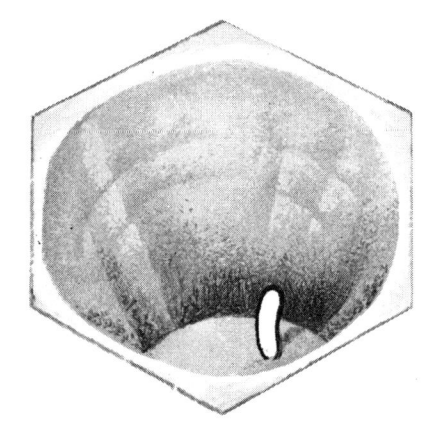

Kopf einer Arbeitsbiene

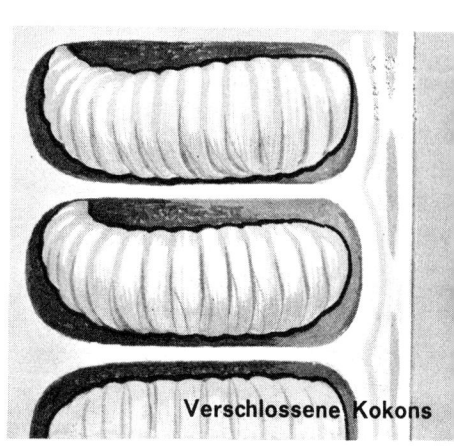

DAS LEBEN DER BIENEN

Das Leben der Honigbiene beginnt als winziges, kommaförmiges Ei, das man am Grunde der im Vergleich gewaltigen Zelle kaum erkennen kann. Aus dem senkrecht in der Zelle stehenden Ei

Das graue, längliche Ei, das wie ein Komma aussieht, ist am Grunde der Zelle mit einer klebrigen Flüssigkeit angeheftet.

Eine blinde und beinlose Made schlüpft aus dem Ei. Sie wird ständig gefüttert, bis sie nach einigen Tagen einen Kokon zu spinnen beginnt.

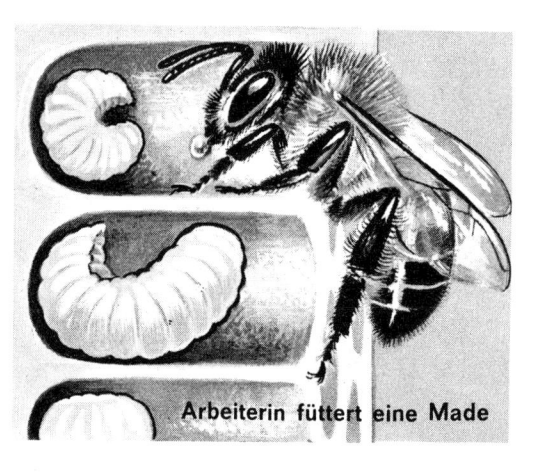

Arbeiterin füttert eine Made

Verschlossene Kokons

schlüpft nach drei Tagen die kleine weiße Made, die nicht im geringsten einer Biene ähnelt; sie ist ganze 1,5 mm lang, blind und ohne Beine, aber mit einem gewaltigen Appetit ausgestattet.

Maden sind bekanntlich sehr gefräßig. Auch Bienenmaden bilden keine Ausnahme. Schon während des Ausschlüpfens werden sie von den Ammen mit so viel Futtersaft versorgt, daß sie fast darin schwimmen. Als Ammen dienen Arbeitsbienen, jedoch nur vom sechsten bis etwa zehnten Lebenstag der Made. Während dieser Zeit füttern sie die jungen Maden unermüdlich mit einem leicht verdaulichen, in ihren Speicheldrüsen erzeugten Saft. Kaum hat eine Amme die kleine Made versorgt und ist zur nächsten Zelle spaziert, als auch schon eine andere Amme mit einer neuen Ladung Nährstoff erscheint. Und so folgt im Abstand von etwa einer Minute Amme auf Amme mit frischer Nahrung.

Wie erhält die Made ihre Nahrung?

Von der guten und reichlichen Nahrung

Wie wächst eine junge Biene?

quillt die Made wie ein Hefeteig auf. Die Haut wird enger wie eine zu klein gewordene Jacke, bis sie endlich platzt. Die Made windet sich heraus, häutet sich am nächsten Tag abermals und ist nach 5½ Tagen schließlich

so groß geworden, daß sie die Zelle fast ganz ausfüllt. Inzwischen ist sie etwa 10 000 mal gefüttert worden — in den ersten beiden Tagen mit Gelee Royale, einem besonderen Futtersaft der Bienen zur Heranzucht von Königinnen, an den nächsten vier mit „Bienenbrot", einer Mischung aus Honig und Pollen (Blütenstaub). Die Made ist jetzt 500mal so schwer geworden wie beim Ausschlüpfen aus dem Ei.
Nun beginnt sie ein feines, kokonartiges Gewebe zu spinnen, dann liegt sie still wie eine Mumie. Und mit ihr Hunderte von anderen Bienenmaden in der Brutwabe. Alle entstammen den 1000 bis 1500 Eiern, die die Königin am selben Tag gelegt hat — jedes Ei in einer eigene sechseckige Zelle. Kurz vor dem Spinnen des Kokons bauen die Arbeiterinnen über jede Zelle ein zartes, gewölbtes Deckelchen aus Wachs. Dann kümmern sie sich um ihre anderen kleinen Geschwister.
In der geschlossenen Zelle vollzieht sich nun ein großer Wandel. Der weiche beinlose Larvenkörper dehnt und festigt sich. Die Umrisse von Beinen, Flügeln, Augen und Fühlern beginnen sich abzuzeichnen. Die Made ist jetzt keine Made mehr, sondern eine dunkelgefärbte feste Puppe.
Zwölf Tage später nagen scharfe Kiefer den Wachsdeckel der Zelle durch. Und jetzt geschieht etwas Wunderbares: aus der geöffneten Zelle schlüpft eine neue Honigbiene heraus — mit vier hauchzarten Flügeln und sechs Beinen, bereit, sich an die Blü-

Arbeitsbienen (natürl. Größe).

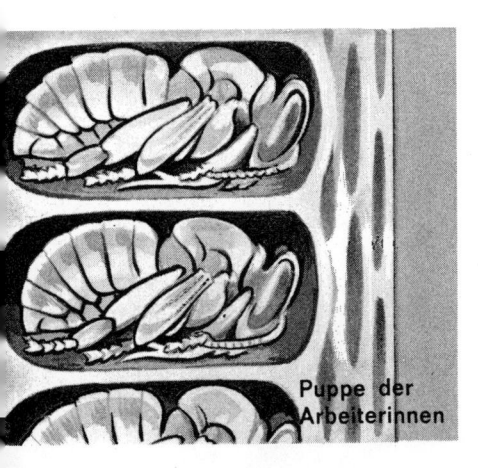

Puppe der Arbeiterinnen

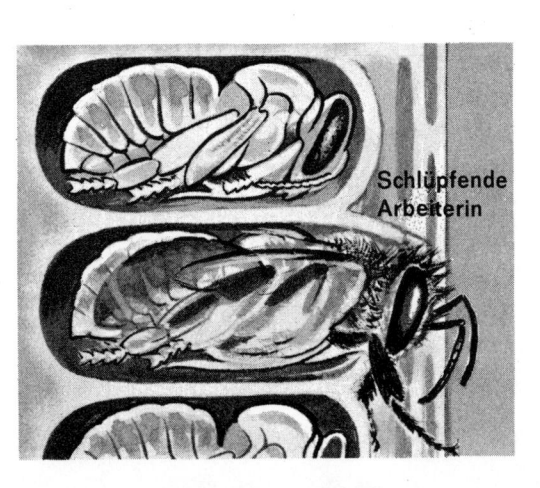

Schlüpfende Arbeiterin

Im Kokon findet die größte Veränderung statt: von der Made zur milchweißen Puppe, bis eines Tages die erwachsene Biene ausschlüpft.
Befruchtete Eier werden zu Arbeiterinnen, unbefruchtete zu Drohnen.

Hinterleib einer Arbeitsbiene mit Wachs zwischen den Bauchschuppen.

Um Wachs für neue Zellen abzusondern, hängen die Bienen kettenförmig von den Waben. Die Biene sondert gleichzeitig acht kleine Wachstäfelchen ab, die sie mit den Hinterbeinen aus den Wachstaschen hervorzieht, dann mit den Kiefern knetet und an der richtigen Stelle der Wabe einfügt.

tenblätter vieler unbekannter Blumen zu klammern.

Die junge Biene, die so struppig aussieht wie ein gebadeter Vogel, ordnet zunächst die feine, dichte Behaarung ihres Körpers; sie bürstet sich, probiert ihre jungen Flügel, streckt die Beine aus und beginnt dann wie selbstverständlich zu arbeiten. Sie verfüttert Honig und Blütenstaub an die jüngeren Geschwister, die mit dem Spinnen des Kokons beginnen wollen; sie reinigt die Zellen, nagt die Reste der Wachsdeckel ab und beleckt die Zellenwände. Vom sechsten Lebens-

| Was macht eine neue Arbeitsbiene? |

tage an füttert die neue Arbeiterin auch die jüngsten Bienenmaden. Ihre Speicheldrüsen erzeugen nun ebenfalls den dazu nötigen Fruchtsaft. Eines ihrer kleinen Geschwister wächst vielleicht in der gleichen Zelle auf, in der sie selbst noch vor einigen Tagen wohnte.

Neue Zellen sollen gebaut werden, aber es ist nicht genügend Wachs vorhanden. Die jungen Arbeitsbienen nehmen größere Mengen Wasser und Honig zu sich und hängen sich dann zu einer Kette untereinander. Jede mit ihren Vorderbeinen an die Hinterbeine der anderen Biene. Nach

| Wie wird Bienenwachs hergestellt? |

einigen Stunden erscheinen zwischen den Hinterleibsringen winzige Wachstäfelchen. Drüsen an der Unterseite der Ringe sondern das Wachs ab. Die Bienen streifen die Täfelchen ab, kneten sie mit ihren kräftigen Kiefern und formen sie zu Zellen, die den schon vorhandenen haargenau gleichen.

Keine Biene kann beliebig oft Wachs absondern oder Gelee Royale erzeugen. In ihrem Leben gibt es bestimmte, zeitlich begrenzte Funktionen. Die jungen Arbeiterinnen können die Nahrung für die jüngsten Bienenmaden nur einige Tage herstellen; dann beginnt für sie ein neuer Lebensabschnitt; sie produzieren Wachs und beteiligen sich am Bau der Waben. Wieder einige Tage älter, übernehmen sie die Wache am Flugloch und werden schließlich zu Futtersammlerinnen, die Nektar und Blütenstaub heimbringen. Nach der Tätigkeit der Biene kann man also ihr Alter feststellen.

Nach dem Verlassen des Stocks sieht sich die Arbeitsbiene einer völlig neuen Welt gegenüber. Daher ist die genaue Bekanntschaft mit ihrer Umgebung eine unerläßliche Voraussetzung vor jedem längeren Ausflug. Sie hält sich zunächst in der Nähe des Stockes auf, und ihre großen Facettenaugen nehmen jede Einzelheit wie Bäume, Sträucher und Geländeform auf. Die sechstausend „Riechplatten" ihrer Fühler empfangen alle Gerüche der neuen, fremden Welt. Einen oder zwei Tage orientiert sich die Biene; dann beginnt sie ihre Tätigkeit, die sie bis an ihr Lebensende ausüben wird.

Die Natur hat die Biene mit verschiedenen Werkzeugen ausgestattet, ohne die sie ihre vielfältigen Aufgaben nicht bewältigen könnte.

Welche Werkzeuge besitzt die Biene?

Die feingegliederten Mundwerkzeuge lassen sich zu einem Rüssel zusammenlegen, in dem die dichtbehaarte Zunge als Pumpe wirkt. Die Oberkiefer bilden eine Zange zum Aufkneifen

Die Bienen sammeln Blütenstaub an ihren Hinterbeinen. Der Blütenstaub wird an der Außenseite der Hinterbeine durch lange Haare festgehalten, die das „Körbchen" bilden (rechts). Mit dem langen Rüssel saugt die Biene den Nektar aus der Tiefe des Blütengrundes. Dabei bestäubt die Biene die Blume, die nun erst Samen hervorbringen kann (unten).

Leeres Pollenkörbchen

Gefülltes Pollenkörbchen („Höschen")

Je mehr Kreise eine Biene in einer bestimmten Zeit „tanzt", umso weiter sind die Blüten entfernt.

der Staubbeutel, zum Kneten des Wachses und zu ähnlichen Arbeiten. Die Vorderbeine sind mit einem kleinen Bogenkamm zum Säubern der Fühler versehen. Die Hinterbeine haben an den Innenseiten Borsten und etwas darüber einen Pollenkamm. An der Außenseite der Unterschenkel befindet sich eine von langen Haaren umsäumte kleine Vertiefung, das „Körbchen"

Beim Fliegen von Blüte zu Blüte bleibt zwischen den Körperhaaren und an den Beinen Blütenstaub hängen. Ohne ihren Flug zu unterbrechen, bürstet die Biene den Pollen mit den Bürsten der Hinterbeine ab, kämmt mit dem Kamm die Bürsten durch und schiebt dann mit dem Fersensporn den Blütenstaub aus dem Kamm in die Körbchen.

Die Bienen erzeugen nicht nur Honig, sondern leisten uns Menschen einen noch wertvolleren Dienst: sie befruchten Blumen, Pflanzen und Obstbäume. Während sie von Blüte zu Blüte fliegen und Pollen sammeln, streuen sie die Pollenkörner, die männlichen Keime des Blütenstaubes, auf die Narbe. Von dort gelangen die Keime durch den Griffel zum Fruchtknoten und entwickeln sich jetzt zu Samenkörnern oder Früchten. Ohne diese Befruchtung durch die Bienen würde es wahrscheinlich keine Obstgärten mit Äpfeln, Pfirsichen, Erdbeeren und anderen Früchten geben. Auch viele hübsche Blumen würden nicht wieder blühen.

Die Biene, sagt man, ist „blütenstetig", das heißt, sie sammelt möglichst lange nur den Pollen und Nektar der gleichen Blütenart. Während sie eine Apfelblüte

Warum schätzt man die Biene?

nach der anderen besucht, läßt sie andere Blüten unbeachtet. Dann wieder bevorzugt sie die Blüten des Löwenzahns oder fliegt von Rose zu Rose. Sie überträgt also den Apfelblütenstaub auf Apfelblüten, den Staub des Löwenzahns auf den Löwenzahn und den Pollen der Rose auf eine andere Rosenblüte.

Ein Apfelbaum hat an einem Maimorgen seine rosafarbenen Blüten geöffnet. Eine einzelne herumsummende Biene entdeckt die Blüten; sie füllt ihre Körbchen mit Nektar und Pollen und fliegt fort. In weniger als einer halben Stunde summt und brummt es im Baum von Honigbienen. Hat vielleicht die einzelne Biene im Stock von dem reichen Fund berichtet?

Die Antwort hat Karl von Frisch mit seiner Entdeckung der „tanzenden Bienen" gegeben. Nachdem die Sammlerin sich im Stock ihrer Tracht entledigt hat, beginnt sie auf der Wabe, auf der sie sich gerade befindet, mit schnellen Schritten in engen Kreisen herumzutrippeln — erst einen Kreis links-, dann einen rechtsherum. Zwischen den Kreisen schlägt sie eine ge-

Wie verständigen sich die Bienen?

nicht in den Magen, sondern in den sich an die Speiseröhre anschließenden „Honigmagen". In diesem werden die zuckerhaltigen Pflanzensäfte in jenen dünnen Honig verwandelt, wie ihn nur die Biene herstellen kann. Man hat jahrelang vergeblich versucht, Honig aus gesüßtem Wasser und auch aus dem Nektar der Blüten zu gewinnen. Welchen Honig wir auch essen, jeder Tropfen stammt von den Bienen.

rade Linie ein und bewegt dabei lebhaft den Hinterleib hin und her. Andere Bienen folgen und ahmen ihre Bewegungen nach.

Die Anzahl der Kreise zeigt an, wie weit die Blumen entfernt sind — je mehr Kreise umso größer die Entfernung. Die Gerade zwischen den Kreisen gibt die Richtung an, und der an ihrem Körper haftende Blütenduft verrät ihren Gefährtinnen, welche Blüten sie finden werden. Schon nach wenigen Minuten fliegen sie davon — geradeswegs zum Apfelbaum.

Wie wird der Honig hergestellt?

Jede Arbeitsbiene ist gleichsam ein kleines chemisches Laboratorium. Der Nektar, den sie aus den Blüten mit ihrer langen, behaarten Zunge herausholt, gelangt zunächst

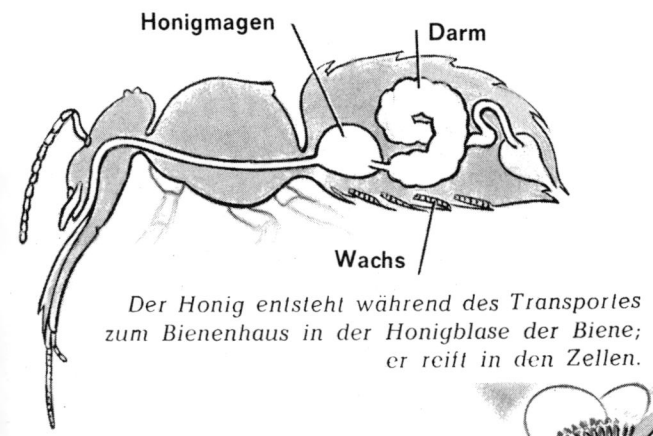

Honigmagen — Darm — Wachs

Der Honig entsteht während des Transportes zum Bienenhaus in der Honigblase der Biene; er reift in den Zellen.

Die Bienen finden ihren Weg mit Hilfe der Sonne. Aber wie orientieren sie sich an einem wolkigen Tag? Nun, sie können den Stand der Sonne durch das polarisierte Licht wahrnehmen — Licht, das die Wolken durchdringt und aus einer bestimmten Richtung besser als aus anderen gesehen werden kann. Auch ultraviolettes Licht, dessen Strahlen einen Sonnenbrand verursachen, leitet die Bienen ebenso wie die Farbe der Blumen. Mit einer Ausnahme: Bienen sind rotblind und können Rot nicht von Schwarz oder Dunkelgrau unterscheiden.

Wie orientieren sich die Bienen?

An ihrem 20. Lebenstag ist die Biene zur Futtersammlerin geworden und fliegt nun Tag für Tag auf Tracht aus. Etwa 23 Häkchen halten die vorderen und hinteren Flügel zusammen, so daß sie eine zusammenhängende Tragfläche bilden. 200mal in der Sekunde schwirren die Flügel auf und ab. Schon nach wenigen Tagen beginnen sie an den Rändern auszufasern. Nach etwa 2 Wochen sind sie leicht zerrissen. Und gut einen Monat, nachdem sich ihre glänzende Schönheit zum

Wie lange leben die Bienen?

erstenmal im Sonnenlicht entfaltete, sind sie zerfetzt.

Eines Tages kann die Biene die Tracht Nektar und Pollen nicht mehr tragen. Sie fällt zu Boden und strebt halb krabbelnd, halb fliegend zum Stock. Etwa 6 Wochen nach dem Besuch ihrer ersten Blume sind ihre Tage gezählt.

Einen Stachelapparat besitzen nur die Königin und die Arbeiterinnen. Er besteht aus der Giftdrüse und 2 Stechborsten.

> **Muß die Biene sterben, wenn sie sticht?**

Beim Stechen bleibt der Stachel in der menschlichen oder tierischen Haut stecken, der ganze Apparat wird herausgerissen, die Biene muß sterben. Weshalb stirbt sie nicht auch, wenn sie eine Drohne sticht? Weil die Chitinmasse des Drohnenkörpers die Wunde nicht schließt wie das elastische Fleisch und der Stachel daher zurückgezogen werden kann.

Wieviele Bienen aber auch sterben mögen, das Leben im Stock geht weiter. Die Jungen werden pünktlich gefüttert, die Made in der Königinnenzelle mit übergroßen Mengen Gelee Royale. Diese besondere Kost bewirkt, daß sich eine Biene mit einem langen, schlanken Hinterleib, eine junge Königin, entwickelt.

Ein seltsam heller Laut kündigt ihre Geburt schon vor dem Verlassen des Kokons an — ein Laut der deutlich aus dem Summen herauszuhören ist. Der ganze Stock weiß jetzt, bald wird eine neue Königin geboren.

DIE GEFANGENE KÖNIGIN

Die neue Königin ist ein Drittel größer als die Arbeiterinnen. Ihren Beinen fehlen die Kämme und Werkzeuge;

> **Wie sieht die junge Königin aus?**

ihre noch feuchten Flügel liegen zusammengefaltet am Körper, vibrieren aber mit einem durchdringend hohen Ton, der sogar außerhalb des Stockes zu hören ist. Dann zerbeißt sie die Spitze ihres Konkons und den Deckel ihrer Zelle.

Schließlich ist sie frei und hastet über die Brutwabe, noch ehe ihre Flügel getrocknet sind. Dabei stößt sie laute Töne aus, die wie ein hohes „Tü-Tü-Tü" klingen. Endlich entdeckt sie, was sie sucht: andere Königinnenzellen, aus denen als Antwort auf das Tüten ein merkwürdig dumpfes „Quaken" ertönt. Die frischgeschlüpfte Königin eilt zu diesen Zellen, beißt den Deckel durch und stößt ihren Stachel tief in den Körper dieser Königinnen.

Sind zwei Königinnen gleichzeitig

Die Königin eines Bienenvolkes schlüpft aus der Wachszelle, in der sie sich entwickelt hat.

Bienenkönigin
(natürl. Größe)

„Es gibt nur eine Königin im Stock" *ist die Regel, der eine Königin folgt. Schlüpfen zwei Königinnen gleichzeitig aus, gibt es einen Kampf bis zum Tod. Hier tragen zwei Königinnen diesen Kampf aus.*

ausgeschlüpft, kommt es zu einem Duell, bis nur noch eine von ihnen am Leben ist.

Die frischgeschlüpfte Königin könnte

Warum werden die anderen Königinnen getötet?

ebensowenig davon zurückgehalten werden, ihre königlichen Geschwister zu töten, wie eine Arbeiterin vom Sammeln der Pollen. „Nur eine Königin im Stock!" heißt das Gesetz, das jede junge Königin befolgen muß. Sie ruht daher nicht eher, bis sie weiß, daß sie die einzige Königin im Stock ist.

Um diese Frage zu beantworten, müs-

Was wird aus der alten Königin?

sen wir uns einige Tage zurückversetzen. Die alte Königin hat in jede Königinzelle, die sie besuchte, ein befruchtetes Ei gelegt. Durch die

Fütterung mit Gelee Royale sind die Königinnenmaden entstanden. Einige Zeit vor dem Ausschlüpfen der jungen Königinnen, hatte sich das Leben im ganzen Stock grundlegend verändert. Vorbei ist es mit der emsigen Tätigkeit der Sammlerinnen, selbst das ständige Eierlegen der alten Königin hat aufgehört. Tausende von Bienen fallen plötzlich über den Inhalt der Honigzellen her und füllen ihren Honigmagen bis zum Platzen. Wahrscheinlich eine weise Voraussicht der Natur für die Zeit des „Schwärmens". Die alte Königin und mehrere tausend Bienen verlassen den Stock auf der Suche nach einer neuen Unterkunft. Einige Arbeiterinnen haben ihren Magen derart überladen, daß sie kaum noch fliegen können. Andere wieder können ihren Stachel nicht mehr gebrauchen, weil sie so vollgefüllt sind, daß sie ihren Hinterleib nicht mehr krümmen können. Das Summen im Stock schwillt zu neuer Höhe an. Alle bereiten sich auf ein großes Abenteuer vor.

17

öffnen kleine Duftdrüsen an ihrem Hinterleib und fächeln den Duft mit den Flügeln in die Luft. Man meint, um andere Bienen herbeizulocken, wie sie sich ja auch durch Tanzbewegungen über die Lage einer neuen Nektarquelle verständigen.

Die Schwarmtraube ist dicht und schwer. Irgendwo in der Mitte sitzt die alte Königin. Häufig kann man eine solche Traube wie eine überreife Frucht vom Ast in einen leeren Sack schütteln. Inzwischen suchen die Kundschafter oder „Spurbienen" nach einer neuen Behausung, in einem hohlen Baumstamm vielleicht oder einem leeren Stock. Paßt der Imker nicht auf, folgt der Schwarm den Spurbienen und zieht wie eine summende Wolke zum neuen Heim.

Gelegentlich schwärmen die Bienen auch ohne Königin. Das ist dann wie eine Geburtstagsfeier ohne Geburtstagskind. Ohne Königin kann der Schwarm nur einige Tage leben, denn nur sie kann die Eier legen, aus denen sich neue Arbeiterinnen entwickeln.

Die Königin ist ständig von Arbeiterinnen umgeben. Sie wird von den Ammenbienen gefüttert und gesäubert.

Schwärmende Bienen sind zwar aufgeregt, aber nicht stechlustig. Der Imker kann die Schwarmtraube, die an einem Ast hängt, abnehmen und in einen leeren Bienenkorb bringen.

Schließlich kommt der große Tag. Zusammen mit ihrer Königin verlassen die Bienen zu Tausenden den Stock, erheben sich in tollem Wirbel und

Was ist ein „Schwarmtag"?

kreisen wild durcheinander. Läßt sich die Königin an einem Baumast oder einem Busch nieder, sammelt sich dort der Schwarm zu einer dichten Traube. Die Bienen an den Rändern der Traube

Die Königin — eine Gefangene?

Ob es sich um eine junge Königin im Stock oder eine alte Königin im Schwarm handelt, keine ist eine Herrscherin, sondern gleicht eher einer Gefangenen. Sie wird von den Arbeiterinnen gepflegt und gefüttert und sieht die Außenwelt nur beim Hochzeitsflug und beim Schwärmen.

Die alte Königin hat den Stock verlassen. Ihre Nachfolgerin erscheint vor dem Flugloch. Sie breitet die jungen Flügel aus und summt nach einem kleinen Rundflug vor dem Stock davon. Begleitet von Hunderten von Drohnen, die ihr auf ihrem Hochzeitsflug folgen.

Was geschieht mit den Drohnen nach der Hochzeit?

In der Luft vereint sich die Königin mit einer der vielen Drohnen. Die Drohne überträgt dabei Millionen Samenfäden in ein kleines Bläschen im Hinterleib der Königin. Hat die Drohne ihre von der Natur gestellte Aufgabe erfüllt, stirbt sie. Die anderen Drohnen werden weiter von den Arbeiterinnen gefüttert, bis die Nahrungsquellen spärlicher werden. Dann fallen sie über die Männchen her, zerren sie zum Flugloch hinaus oder stechen sie einfach nieder.

Wieviele Eier legt die junge Königin?

Sobald die junge Königin wieder im Stock ist, beginnt die Eiablage. Tag für Tag legt sie tausend bis zweitausend Eier oder mehr. Eine gewaltige Leistung der Königin. Während dieser Zeit wird sie von den Arbeiterinnen liebevoll umhegt und nur mit Futtersaft ernährt, den sie nicht einmal zu verdauen braucht.

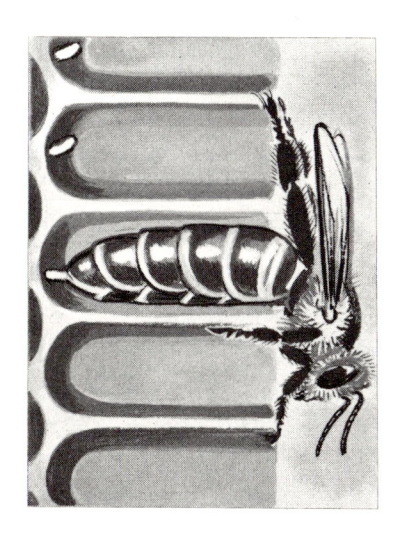

Bienenkönigin bei der Eiablage.

Kann ein Bienenvolk ohne Königin leben?

Von der Königin hängt das Wohl und Wehe des Volkes ab. Stirbt sie oder wird sie entfernt, sorgen die Arbeitsbienen für die Entwicklung einer neuen Königin, indem sie eine Zelle vergrößern und eine ein bis zwei Tage alte Made mit Gelee Royale füttern. Ist das nicht möglich, legen sie selbst Eier. Da diese jedoch nicht befruchtet sind, schlüpfen nur Drohnen aus. Ein Volk ohne Königin stirbt daher bald aus.

Im allgemeinen lebt die Königin mit

Wie lange lebt die Königin?

ihrem Volk etwa vier bis fünf Jahre. In dieser Zeit kann sie eine Million Eier legen. Welch ein Unterschied zwischen einer Bienenkönigin und einem Schmetterling, der im Herbst nur einige Eier an einem Zweig zurückläßt. Aber es gibt noch andere Bienenarten. Sie leben an ungewöhnlichen Stellen — in verlassenen Mäusenestern, hohlen Baumstümpfen und selbst in verrosteten, alten Konservendosen. Ihre Geschichte wird im nächsten Kapitel erzählt.

So unglaublich es klingt: in Südamerika

Bienen ohne Bienenkorb

gibt es Bienen, die überhaupt nicht stechen können. Wie die Honigbienen leben sie in Kolonien oder großen Familien. Allerdings nicht in künstlichen Bienenkörben, sondern in Höhlen und hohlen Baumstämmen. Hier bauen sie ihre Waben aus Wachs und Lehm oder aus dem klebrigen Harz der Bäume.

Obwohl sie nicht stechen können, ver-

Wie wehren sich Bienen ohne Stachel?

stehen sie es doch, ihre Honigvorräte und Maden in den Zellen zu schützen. Taucht ein Feind auf, fallen sie gemeinsam über ihn her, beißen und kratzen ihn oder schleudern ihm eine scharfe Flüssigkeit entgegen, die sie aus Mund und Körper absondern und die einen brennenden Schmerz wie spritzendes, heißes Fett verursacht. Aber das schreckt die Eingeborenen Südamerikas nicht ab, die Bienen in kleinen Holztrommeln zu halten, die bis auf ein kleines Flugloch an beiden Seiten verschlossen sind. Um Honig zu erhalten, wird eine Seite der Trommel einfach aufgebrochen.
Der Honig ist häufig köstlich, manchmal aber auch ungenießbar. Die Bienen ohne Stachel besuchen alle möglichen Blumen, und wenn es nicht genügend gibt, nehmen sie auch mit den Resten

aus einer alten Syrupdose vorlieb, einer alten Fruchtschale und zur Abwechslung auch mal mit einem oder zwei Tropfen Motorenöl. Eine Mahlzeit aus solchem Honig steckt voller Überraschungen.

Wie die Honigbienen kümmern sich

Wie hüten Hummelköniginnen ihre Kinder?

auch die stachellosen Bienen um die Eier, die ihre Königin legt. Königinnen anderer Arten passen selbst auf ihre Eier auf. Wohl am merkwürdigsten benimmt sich die Hummelkönigin. Nachdem sie den Winter an einem gegen die Unbilden der Witterung geschützten Ort verbracht hat, macht sie sich im Frühling auf Wohnungssuche. Sie fliegt über die Wiesen und späht nach einem kleinen Loch im Boden aus. Auch eine versteckt liegende alte Blechdose ist ihr willkommen. Sie baut zwei Wachszellen. Eine füllt sie mit Honig, den sie aus dem Nektar der ersten Frühlingsblumen gewinnt, die andere ist ihre Brutzelle. Sie legt etwa ein halbes Dutzend Eier darin ab und versieht die Zelle mit Honig und Blütenstaub. Dann verschließt sie die

Kopf einer stachellosen Biene (vergr.). Daneben der Schuppen mit hohlen Stämmen, in denen die mexikanischen Indianer von Yukatan Bienenzucht betreiben.

Eine Hummelkönigin bei der Brutpflege. Sie hat die Kappe der Zellen abgenagt, nachdem sich die Maden verpuppt haben. Die kleinen Hummeln, die aus den Kokons geschlüpft sind, kriechen zu den Honigtöpfen und versorgen sich selbst.

Zelle und läßt sich wie ein Vogel darauf nieder.

„Kinderhüten" ist der Hummelkönigin sozusagen angeboren. Wenn die Maden nach drei oder vier Tagen schlüpfen, öffnet sie die Zelle und füttert sie. Dann verschließt sie die Zelle wieder und holt Futter. Dieser Vorgang kann sich während eines Tages mehrmals wiederholen.

Larven in der Wachshülle

Kokons

Nur die Hummel ist von der Natur mit einem langen Saugrüssel ausgerüstet und kann den Nektar im Rotklee erreichen und dabei die Blüte bestäuben.

Wenn die Hummelkönigin ihr Nest verläßt, ist sie allen möglichen Gefahren ausgesetzt.

Welche Feinde haben die Hummeln?

Vögel fressen gern Hummeln mitsamt ihrem Stachel, oder eine große Raubfliege, die selbst fast wie eine Hummel aussieht, lauert ihr in einer Blume verborgen auf. Manchmal stößt die Hummelkönigin auch zufällig auf das Nest einer anderen Hummelkönigin. Sie dringt dann ein, als sei es ihr eigenes Nest, vertreibt vielleicht die Besitzerin und setzt sich auf die Eier. Das ist dann schlimm für ihre eigenen Maden. Wenn sie Glück haben, findet die vertriebene Hummelkönigin das unbesetzte Nest und kümmert sich um seine kleinen Bewohner; die beiden „Mütter" haben dann nur die Nester vertauscht. Häufig aber entdeckt eine Maus das ungeschützte Nest und tut sich gütlich am Honig und den zarten kleinen Maden.

Diese Biene sieht wie eine Hummel aus, legt jedoch ihre Nester in morschem Holz an.

Was ist eine Holzbiene?

Mit ihren kräftigen Kiefern höhlt sie in einem Balken einen Gang aus und legt eine kleine Kammer für ihre Eier an. Manchmal windet und schlängelt sich ein solcher Gang zwei bis drei Meter durch das Holz. Andere Holzbienen wieder sparen sich die Arbeit und bauen ihre Nester in hohlen Bambushalmen, in denen der Gang schon fertig ist.

Jede Made spinnt nach einiger Zeit einen Kokon und wird zur Puppe.

Sind Hummeln stechlustig?

Es sind nur kümmerliche kleine Hummeln, die nach etwa drei Wochen aus den Kokons schlüpfen. Sie sind zunächst feucht und silbern und ähneln kaum der schwarzgelben Königin mit dem feinen Flaum. Sie kriechen zum Honigtopf und bedienen sich selbst. Aber schon am nächsten oder über-

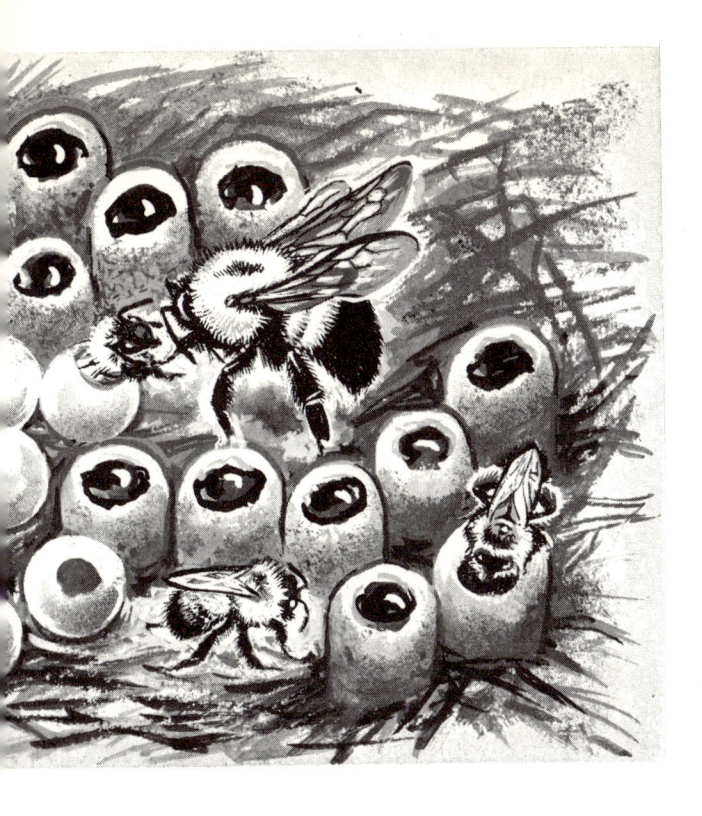

nächsten Tag fliegen diese ersten kleinen Arbeiterinnen über die Felder und tragen Futter ein.

Hummeln sind friedliche Lebewesen und stechen nur selten. Sie greifen ihre Feinde an, beißen und kratzen und stechen auch, wenn es nötig sein sollte. Es gehören zwar einige Hundert Hummeln zu einer Kolonie, aber vielleicht nur 50 oder noch weniger bewachen das Nest, während ihre Gefährtinnen auf Tracht sind. Trotzdem versuchen nur wenige Tiere, Honig aus den Honigtöpfen zu rauben.

So seltsam es erscheinen mag, einige

Können sich Hummeln mit Honig verteidigen?

Hummeln benutzen den Honig auch zu ihrer Verteidigung. Greift ein Feind an, geht eine Hummel mit einem Tröpfchen Honig auf der Zunge auf ihn zu. Dann beschmiert sie ihn mit dem klebrigen Stoff, und der Feind zieht sich verdutzt zurück, so schnell es seine bereits verklebten Füße erlauben.

Wie bauen Mörtelbienen ihre Wohnung?

Die Kiefer der Mörtelbienen können Sand und Lehm durchbeißen. Die Bienen mauern sich ihr Nest aus Lehm und Sand und füllen die Zellen mit Nektar und Pollen. Der Mörtel festigt sich und wird hart wie Stein. Die Maden in den Zellen versorgen sich selbst und beißen sich nach dem Ausschlüpfen durch die harten Wände ihrer Behausung.

In Afrika stießen Forscher einmal auf die Ruinen einer alten Stadt. Die Wände waren mit dem harten Mörtel dieser Bienen bedeckt. Die Forscher entfernten die Schicht sorgfältig und entdeckten auf einigen Ruinenwänden bildliche Darstellungen, die einige Jahrhunderte lang durch das Werk der Mörtelbienen verborgen geblieben waren.

Man kennt heute auf der Erde ungefähr

Wieviele Bienenarten kennt man?

10 000 verschiedene Bienenarten. Nur wenige sind sozial (staatenbildend) und leben in Familien. Es gibt Kuckucksbienen, die ihre Eier in die Nester anderer Bienen einschmuggeln. Andere Bienen stehlen Honig, um ihre Jungen damit zu füttern. Sandbienen graben Löcher in den Erdboden. Blattschneiderbienen verkleiden ihre Brutzellen mit kleinen Blattstückchen, die sie aus den Laubblättern von Bäumen und Sträuchern herausschneiden.

Es ist unmöglich, von dem Leben und den Gewohnheiten aller Bienen zu berichten. Das nächste Kapitel schildert die wunderbare Welt der Wespen, die zu den klügsten Insekten zählen.

Holzbiene

Mauerbiene

Grabwespe

Nest der Blattschneiderbiene   Blattschneiderbiene

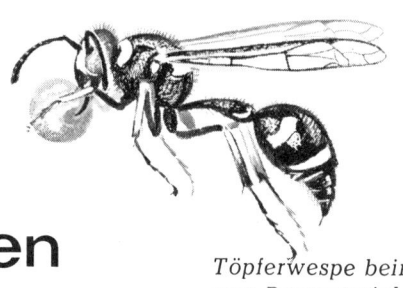

Wespen

Töpferwespe beim Eintragen von Baumaterial.

DIE NÜTZLICHEN WESPEN

Ohne die Feigenwespe würde es nicht eine einzige Feige geben. Sie gehört zu den grün, rot und blau schillernden Erzwespen, die in einer riesigen Zahl von Arten über die ganze Erde verbreitet sind. Die Feigenwespe spaziert auf der Feigenblüte umher und verbreitet dabei den Blütenstaub, so daß sich die Frucht entwickeln kann. Dieses nützliche Insekt wurde eigens nach Kalifornien gebracht, um Smyrnafeigen züchten zu können.

> **Was ist eine Feigenwespe?**

Es gibt etwa 10 000 Wespenarten, aber nur wenige bilden Staaten. Die meisten Arten führen ein stilles, unbeachtetes Dasein. Einige ihrer Verwandten, die Holzwespe und die Sägefliege, befallen Bäume und Früchte, aber eine große Anzahl der wirklichen Wespen ist ebenso nützlich wie die Honigbienen.

> **Wieviele Wespenarten gibt es?**

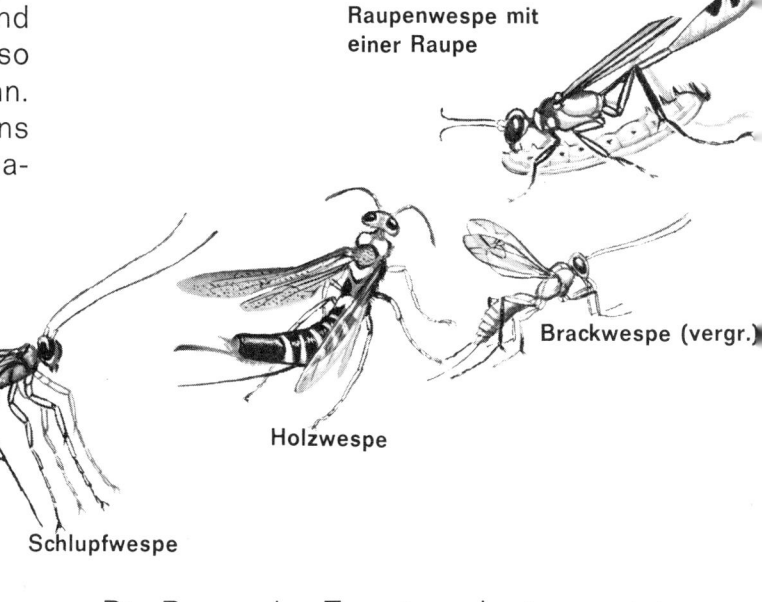

Raupenwespe mit einer Raupe

Brackwespe (vergr.)

Holzwespe

Schlupfwespe

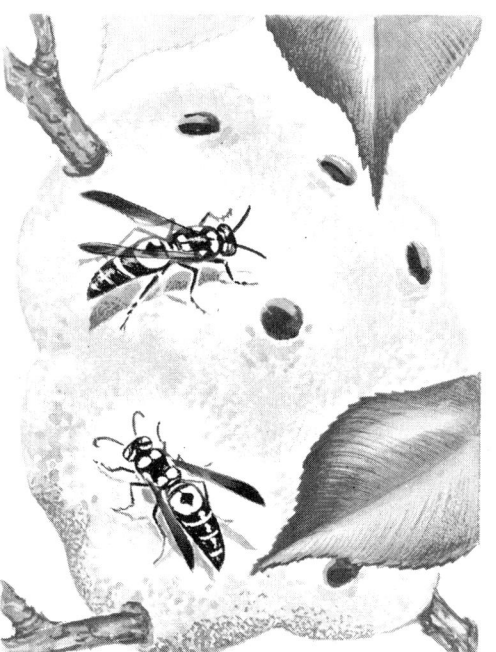

Die Raupe des Tomatenschwärmers ist eine üble Gartenplage. Sie frißt die Blätter der Tomatenpflanzen und zerstört die Blüten. Eine kleine Wespe, die Brackwespe, ist ihr Todfeind. Sie stößt ihren Legestachel mehrmals in den Körper der Raupe und legt darin Eier ab. Die Jungen ernähren

> **Wie helfen die Wespen den Bauern?**

Nest einer Glockenwespe (links),

Glockenwespe (oben)

sich von der Raupe und kommen schließlich heraus, um sich zu verpuppen. Die Raupe geht bald zugrunde.

Aus dem Ei einer anderen Brackwespe entwickelt sich sogar eine ganze Familie. Trifft diese Wespe auf eine Raupe der schädlichen Fruchtfliege, legt sie in ihr ein erstaunlich großes Ei ab, das in keinem Verhältnis zu ihrer Winzigkeit steht. Sobald es gelegt ist, beginnt es sich in viele kleine Zellgruppen zu spal-

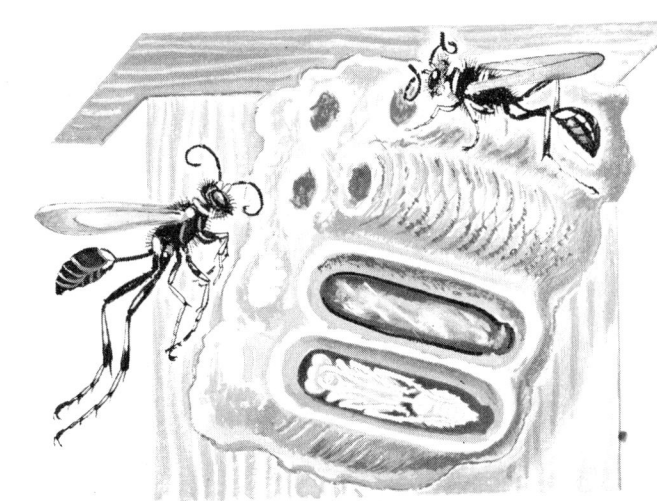

Nest einer Grabwespe mit zwei geöffneten Zellen.

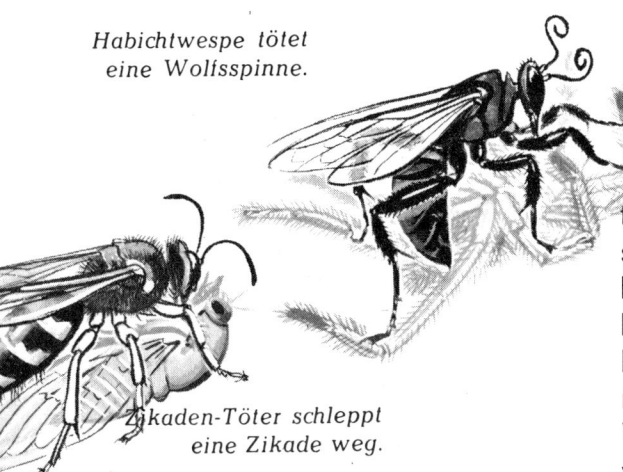

Habichtwespe tötet eine Wolfsspinne.

Zikaden-Töter schleppt eine Zikade weg.

ten. Aus jeder Zellgruppe entsteht eine hungrige Made, die sich vom Körper der Raupe ernährt. Stirbt die Raupe schließlich, fliegen die frischgeschlüpften Wespen davon.

Aus einem einzigen Ei können 50 oder mehr Wespen entstehen. Bilden sich aus jeder Wespe wiederum weitere 50 Wespen, gibt es in wenigen Wochen 2500 Wespen. Und alle sind auf der Jagd nach den Raupen der Fruchtfliegen.

Die große Ichneumon-Schlupfwespe

<table><tr><td>**Warum bohren einige Wespen Bäume an?**</td></tr></table>

kriecht langsam über die Rinde eines absterbenden Ahornbaumes. Sie klopft die Rinde mit den Fühlern ab, hält schließlich inne und wölbt ihren Rücken. Der lange spitze Legebohrer beginnt zu arbeiten und bohrt sich tief in das Holz. Nicht selten

töten die Menschen die Wespe, wenn sie sie bei ihrer Tätigkeit auf dem Baum beobachten. Es wäre besser unterblieben, denn diese Wespe bohrt solange, bis sie auf die Gänge eines Holzbohrers stößt, des wirklichen Schädlings. Wenn die Made der Wespe schlüpft, vernichtet sie den Holzbohrer.

Einige Wespen sind sogar „Anhalter"

<table><tr><td>**Welche Wespen fliegen „per Anhalter"?**</td></tr></table>

Die Phanarus-Wespe zum Beispiel sitzt auf einem Falter wie ein Mann auf einem Pferd und schwebt mit ihm davon. Legt der Falter schließlich seine Eier ab, steigt die kleine „Reiterin" ab und legt ihre Eier an die des Falters, aber es sind nur die kleinen Wespen, die am Ende ausschlüpfen und fortfliegen.

Die Bibel berichtet von Heuschreckenplagen, und noch heute werden manche Teile der Erde von dieser Plage heimgesucht. Eine weibliche Heuschrecke will ihre Eier ablegen, in der Nähe lauert das Weibchen des Heuschreckenjägers. Sobald die Heuschrecke ihre Eier in den Boden bringt, senkt die Wespe ihren Legebohrer in die Eier und legt ihre eigenen Eier darin ab. Es kann sein, daß sie dabei Seite an Seite stehen — die Heuschrecke, die ihre Eier ablegt, und das Weibchen des Heuschreckenjägers, das sie zerstört.

Jagdwespen fangen Spinnen, indem sie

<table>
<tr><td>

Wie füttern Jagdwespen ihre Jungen?

</td><td>

sie durch einen genau gezielten Stich mit ihrem Giftstachel lähmen. Sandwespen machen das glei-

</td></tr>
</table>

che mit Schmetterlingsraupen. Die Spinne oder Raupe wird dann in die Brutzelle des Wespennestes geschafft. Manchmal kommen noch drei oder vier Opfer hinzu. Die Wespe legt nun ein Ei, und die Made hat jetzt genügend frische Nahrung, bis sie voll ausgewachsen ist.

Eine andere Art, die Grabwespe, legt wie die Mörtel- und Mauerbienen ihre Wohnung im Boden an. Hin und wieder sieht man ihre Behausungen auch unter Dächern oder an Häusermauern. Die Zellen sind voll gelähmter Spinnen, und aus jeder Zelle schlüpft nach kurzer Zeit eine junge Wespe. Töpferwespen stellen kleine Krüge her und füllen sie mit Raupen.

Manchmal hängt eine Wespe mit einem Bein im Spinngewebe und lähmt die Spinne durch einen Stich, wenn sie herbeieilt, um ihr vermeintliches Opfer zu fangen. Eine andere Wespe wieder macht Jagd auf die große, behaarte Wolfsspinne, versetzt ihr einen betäubenden Stich und schleppt sie als Nahrung zu ihren Maden.

Hin und wieder sieht man an Pflanzen-

<table>
<tr><td>

Was machen Gallwespen?

</td><td>

blättern und -stengeln seltsame Auswüchse. Manchmal scheinen es kleine braune Äpfel zu

</td></tr>
</table>

sein, dann wieder kleine grüne Kastanien oder etwas grünes Moos. Meistens entstehen diese Auswüchse durch Gallwespen. Die Weibchen legen ihre Eier an ganz bestimmten Stellen der Pflanzen ab, die dann eine Galle bilden. Wie es dazu kommt, ist noch nicht ganz geklärt. Die Maden ernähren sich von dem Stoff im Inneren der Galle und verbringen häufig den ganzen Winter in diesem von den Pflanzen gebildeten Obdach. Jede Insektenart —

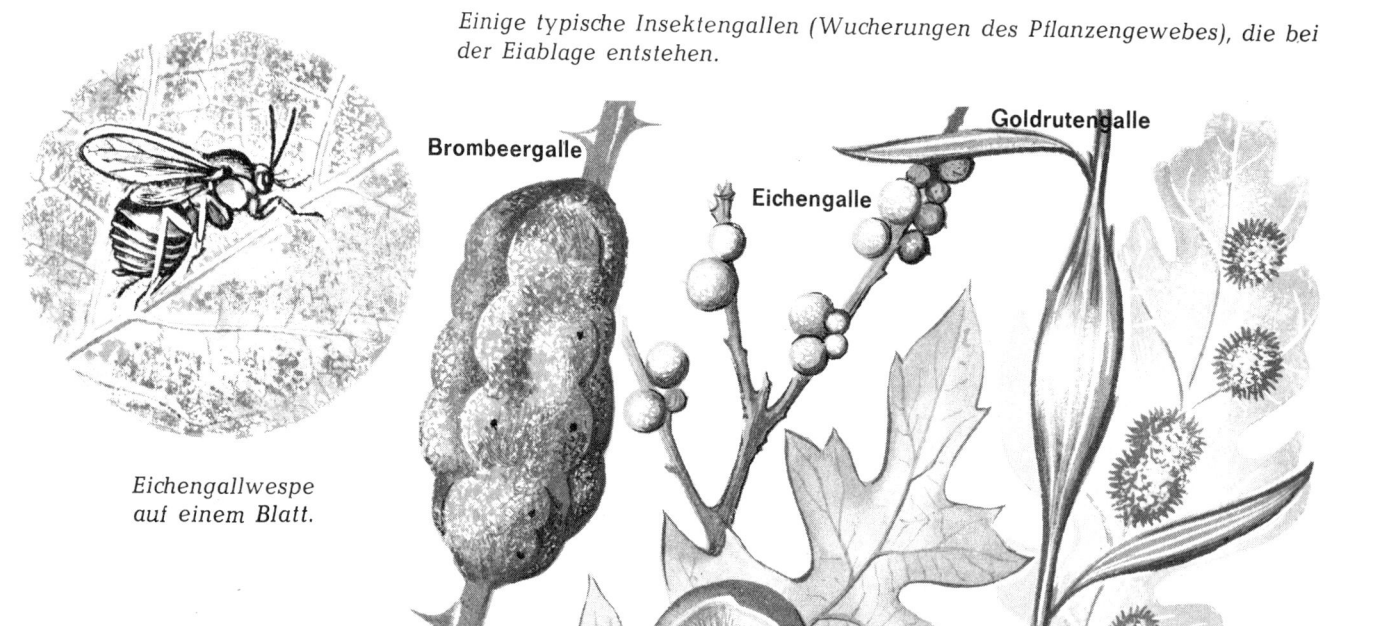

Einige typische Insektengallen (Wucherungen des Pflanzengewebes), die bei der Eiablage entstehen.

Eichengallwespe auf einem Blatt.

Brombeergalle

Eichengalle

Goldrutengalle

Eichengalle

Aufgeschnittene Eichengalle mit Larve

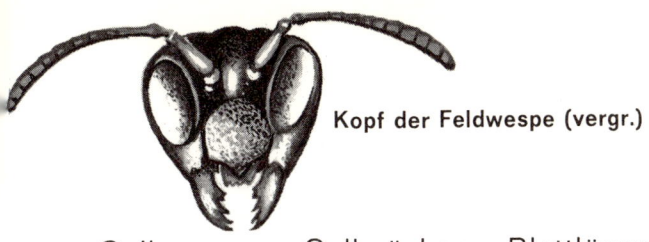

Kopf der Feldwespe (vergr.)

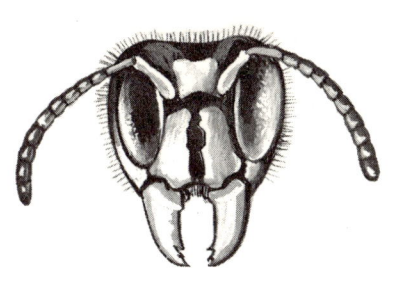

Kopf einer Hornisse (vergr.)

Gallwespen, Gallmücken, Blattläuse, auch Blattwespen — erzeugt eine bestimmte Gallenart.

Keine der Wespen, von denen in diesem Kapitel erzählt wurde, gehört jedoch zu den staatenbildenden, sozialen Insekten. Aber es gibt Wespen, die wie ihre Verwandten, die Bienen, in Familien leben. Viele stellen die Brutzellen der Wabe aus einer papierartigen Masse her.

Das nächste Kapitel berichtet von den Ereignissen in diesen Papierpalästen.

PALÄSTE AUS PAPIER

War es im Jahre 1455, als Johann Gutenberg eine Bibel druckte? Oder schon vor 2000 Jahren, als die Chinesen Papier aus der Rinde des Maulbeerbaumes gewannen? Oder gar schon vor 4000 Jahren, als die alten Ägypter auf flachen Blättern schrieben, die sie aus dem Papyrusschilfrohr herstellten? Nun, die Wahrheit ist: keine menschliche Hand berührte das erste Papier. Wahrscheinlich wurde es in der gleichen Weise wie noch heute erzeugt — von der Wespenkönigin, die sich damit einen Schutz für ihre Eier und Larven schafft.

Wann wurde das erste Papier hergestellt?

Nun, sie nimmt ein Stück trockenes Holz von einem Baum oder einem Balken. Ihre kräftigen kleinen Kiefer arbeiten wie Scheren. Sie schneidet Holzteilchen heraus und

Wie gewinnt die Wespe Papier?

vermischt sie mit ihrem Speichel. Sie versucht soviel Holz mitzunehmen, wie sie nur tragen kann, und klemmt einige Stückchen zwischen Kopf und dem ersten Beinpaar, sozusagen „unters Kinn". Dann fliegt sie nach Hause und zerkaut das Holz. Wenn sie die Mischung ausbreitet und trocknen läßt, ist ein zähes Papier entstanden.

Häufig am Ende eines Astes oder unter dem Dach eines Hauses, manchmal aber auch an seltsamen Plätzen. So befand sich zum Beispiel ein Wespennest hoch oben an einem Fabrikschornstein dicht neben der Fabrikpfeife. Sobald die Pfeife ertönte, brummten Hunderte von Wespen in alle Richtungen davon. Eine andere Wespe hatte sich in einem Wagen niedergelassen, der den ganzen Sommer über auf einem Platz gestanden hatte. Und wieder ein anderes Nest war über der Tür einer Schule angelegt. Als die Schule nach den Sommerferien wieder beginnen wollte, mußte erst das Nest entfernt werden.

Wo findet man Wespennester?

Welcher Unterschied besteht zwischen einer Wespe und einer Hornisse? Hornissen sind große, lebhafte Wespen, die zu Hunderten in einem Nest aus Papier leben. „Gelbjacken" und „Weißgesicht-Hornissen" sind besondere Arten von Wespen.

Was ist eine Hornisse?

Die erste Zelle einer Feldwespenwohnung ist nach unten geöffnet. Es ist eine becherförmige Zelle, an einem Stengel aus Papiermasse befestigt. Ist die Zelle fertig, wird ein Ei darin eingekittet.

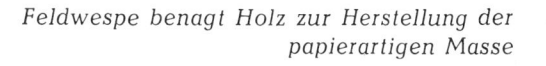

Feldwespe benagt Holz zur Herstellung der papierartigen Masse

Wie bei den Bienen gibt es Arbeiterinnen, Drohnen und Königinnen. Die meisten Papierpaläste der Wespen überdauern nur einige Monate, während ein Bienenstock Jahre bestehen kann.

Die Königin kaut das Holz zu einer klebrigen Paste. Dann befestigt sie die Paste an der Unterseite eines Astes, eines Daches oder in der Höhle eines Tieres. Selbst ein Skunk muß seinen Bau räumen, wenn Wespen einziehen. Die Wespen bauen eine kleine sechsseitige Papierzelle, die nach unten hängt. Dann legt sie ein Ei in die Zelle und bedeckt es mit einem klebrigen Stoff, damit es nicht herausfallen kann. Einige weitere Zellen mit Eiern vervollständigen ihr kleines Nest.

Wenn die Larven ausschlüpfen, haben

Wie leben die kleinen Wespen?

sie keine Beine und sind blind wie die Larven der Biene. Klebrige „Leimpolster" halten sie in der nach unten hängenden Wiege fest. Fliegen und andere Insekten bilden die Nahrung der Brut. Die Wespe kaut die Insekten zu einem kleinen, kugelrunden Breiklümpchen und bringt die Kugel dann von einer Zelle in die andere, bis sie verbraucht ist. Jede Larve erhält einige Bissen. Dann fliegt die Wespe davon und holt mehr Insektenfutter für die Larven.

Sind die Larven größer geworden, erweitert die Wespe die Zellen. Schließlich schlüpft ihr halbes Dutzend Junge als ausgewachsene Wespen aus. Manchmal wird die Wespe vorher getötet. Ein kleines leeres Wespennest ist dann alles, was übrigbleibt und zeigt, wo der Wespenhaushalt begann.

Die jungen Wespen helfen der Mutter.

Wie helfen die jungen Wespen im Nest?

Sie bauen weitere Zellen, bis schließlich eine große, flache Schale entstanden ist. Dann fügen sie darunter eine zweite Schicht an, die vom oberen Stockwerk getrennt ist. Es kann vorkommen, daß ein fertiges Nest ein Dutzend Schichten besitzt, jede Schicht mit mehreren hundert Zellen.

Wenn sie mit Larven gefüllt sind und die Arbeiterinnen nach Nahrung jagen, schweben sämtliche Insekten in der Umgebung des Nestes in Lebensgefahr.

Manchmal gerät eine Kuh auf der Weide in die Nähe eines Hornissennestes. Das kommt den Hornissen wie gerufen. Sie fangen alle die Kuh um-

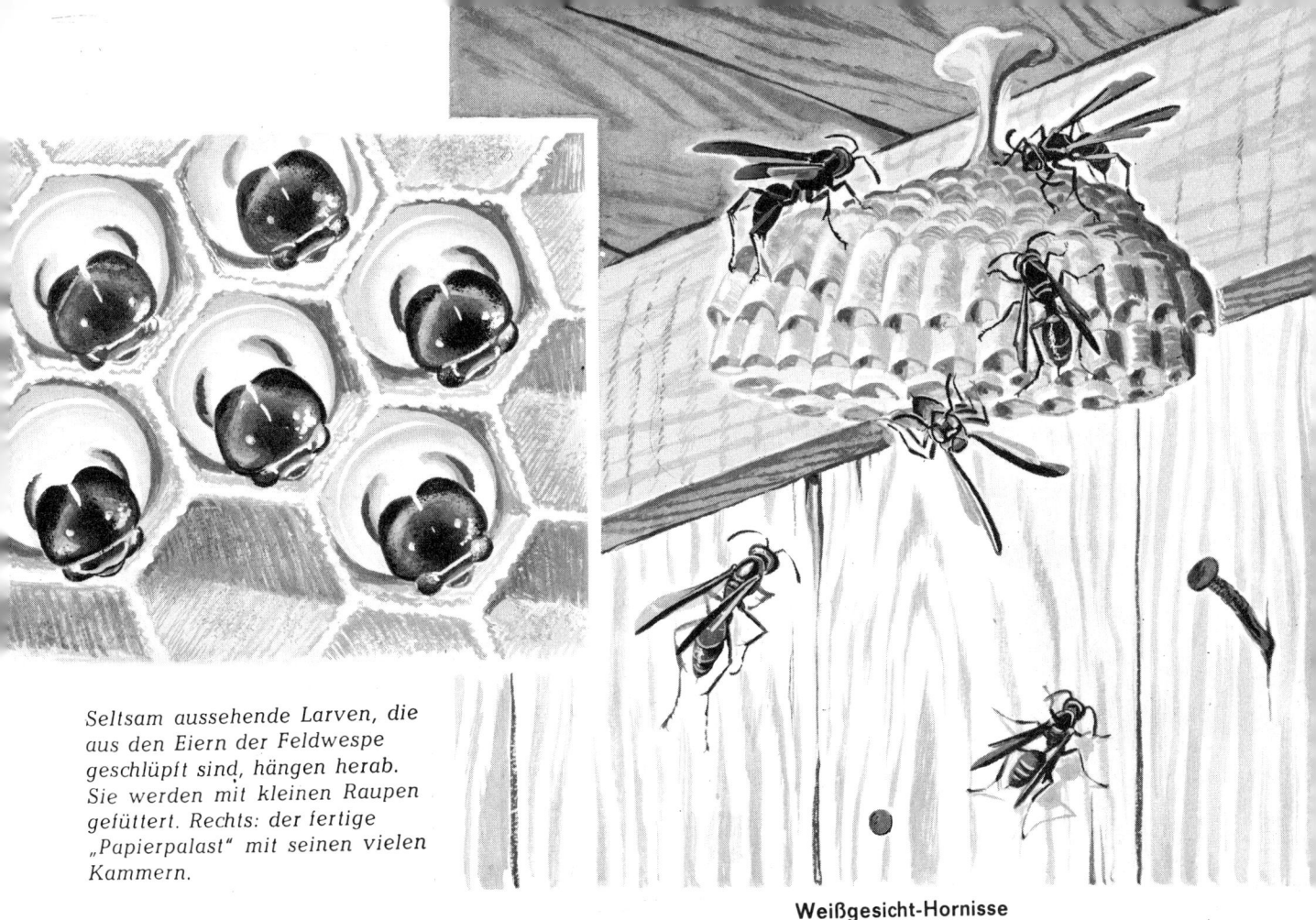

Seltsam aussehende Larven, die aus den Eiern der Feldwespe geschlüpft sind, hängen herab. Sie werden mit kleinen Raupen gefüttert. Rechts: der fertige „Papierpalast" mit seinen vielen Kammern.

schwirrenden Fliegen, ohne ihr auch nur das geringste zuleide zu tun. Ja, die Kuh scheint sie nicht einmal zu bemerken.

Wird das Nest größer, versehen es die Arbeiterinnen mit einer Papierhülle, die aus vielen Schichten besteht und als Isolierung dient. Sie hält die Mittagshitze ab und schützt gegen Regen und die Kühle des Abends. Manchmal stammt das Papier aus dem Holz eines bemalten Brettes, dann ist das Nest mit farbigen Streifen versehen. Einige Papierwespen bauen bis zu einem Meter große Nester, in denen Tausende Bewohner leben.

Über eine Frage zerbrechen sich die Wissenschaftler noch den Kopf: Honigbienen füttern ihre Larven mit Gelee Royale, dem besonderen

Wie werden Wespenköniginnen herangezogen?

Futtersaft, um Königinnen zu erhalten.

Weißgesicht-Hornisse

Arbeiterin · Königin · Drohne

Hornissennest mit Hornissen

Gelbjacken-Hornisse

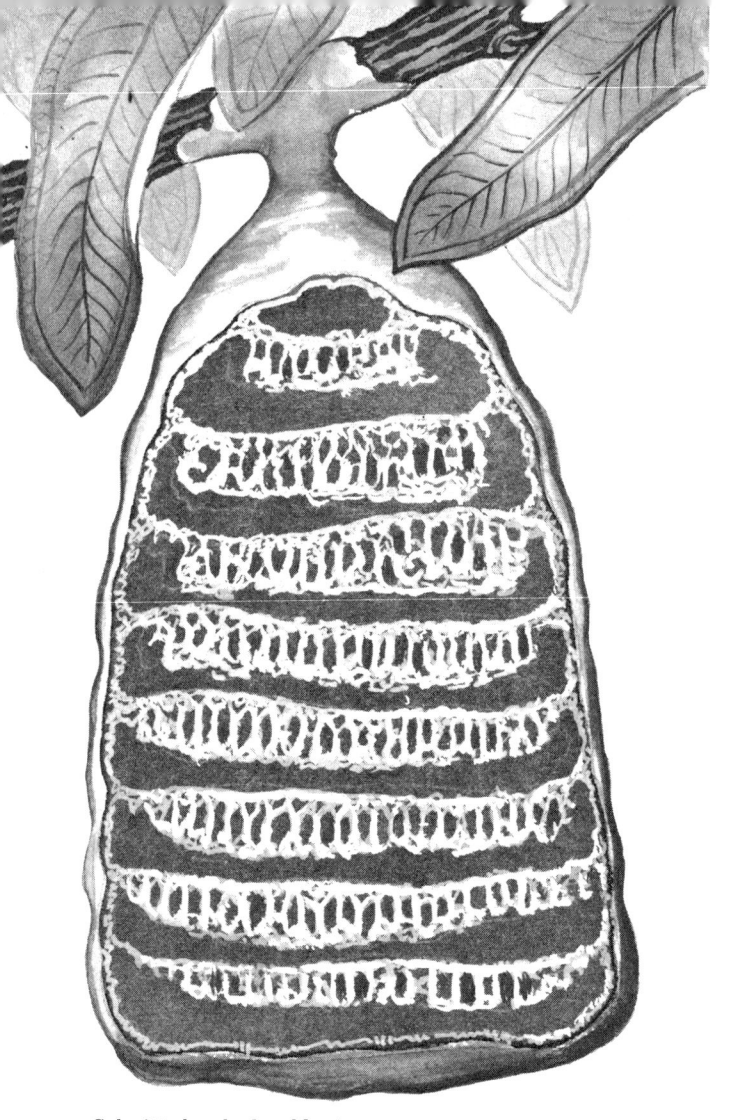

*Schnitt durch das Nest
einer tropischen Wespe*

Aber wie werden Wespenköniginnen herangezogen? Sie wachsen nicht in übergroßen Brutzellen heran und erhalten auch kein besonderes Futter. Eine große Kolonie Wespen kann mehrere Königinnen haben. Im Gegensatz zu den Bienenköniginnen vertragen sie sich miteinander und legen ihre Eier in die leeren Zellen.

Einige Wissenschaftler glauben die Antwort zu kennen. „Die Wespen belecken einander, wie es auch bei anderen sozial lebenden Insekten geschieht", sagen sie. „Vielleicht wird durch dieses Belecken ein besonderer Stoff der Königin übertragen, der andere Wespen davon abhält, ebenfalls Eier zu legen.

Wird ein Nest jedoch zu groß, wird von diesem Stoff nur sehr wenig an jede Arbeiterin übertragen. Schließlich ist eine von ihnen fähig, auch Eier zu legen. Nun sondert auch sie diesen Stoff ab, und so wachsen keine Königinnen mehr heran, bis der Stock bedeutend größer geworden ist." Aber bewiesen ist diese Ansicht noch nicht.

Wenn der Herbst naht, legen die Königinnen weniger Eier. Einige Eier wurden von den Arbeiterinnen gelegt und waren nicht mit dem männlichen Samen befruchtet, den die Königinnen in ihrem Körper aufbewahren. Aus diesen Eiern wuchsen Drohnen heran, die wie die Drohnen der Bienen nicht stechen können. Sie suchen Blumen und überreife Früchte auf und versorgen sich mit Nektar. Wie die Drohnen der Bienen warten sie auf das Erscheinen der Königinnen.

Was geschieht mit den Wespen im Herbst?

Im Hochsommer schlüpfen mehrere Königinnen aus. Sie erheben sich in die Luft und paaren sich mit den Drohnen. Dann fliegen sie noch eine Weile in der Nähe des Nestes herum und verlassen den Papierpalast dann endgültig. Auch die Arbeiterinnen schwirren in dieser Zeit mehr als sonst herum und kümmern sich weniger um die Ernährung der Larven.

Die Leute auf dem Lande fragen im Herbst häufig: „Woher kommen nur die vielen Wespen?" Nun, sie hielten sich während der anderen Zeit meistens in ihren Nestern auf, aber jetzt haben sie keine Haushaltspflichten mehr. Sobald der erste Frost da ist, sind ihre Tage gezählt. Dann fallen sie tot zur Erde. Nur die jungen Königinnen überleben. Sie haben sich rechtzeitig verkrochen, um das Wespengeschlecht ins nächste Jahr hinüberzuretten und neue Papierpaläste zu errichten.

Ameisen

Wie wir wissen, gibt es Bienen- und Wespenarten, die nicht in Gesellschaften, sondern einzeln leben. Es gibt jedoch keine solitären, das heißt, einzeln lebenden Ameisen. Selbst die primitivsten Arten sind zu Gesellschaften zusammengeschlossen. Ameisen sind die am höchsten entwickelten Arten der Insektenwelt.

Wie die staatenbildenden Bienen und Wespen leben auch die Ameisen in Klassen oder Kasten. Und wie bei den Bienen sind die arbeitenden Ameisen weiblich und im wesentlichen unfähig, Eier zu legen. Aber die Anzahl ihrer Aufgaben ist größer als die der Arbeiterinnen des Bienenstaates. Die Arbeiterinnen der Ameisen sind bedeutend kleiner als die Königin und besitzen keine Flügel, die nur den Königinnen und den Männchen vorbehalten sind: für den Hochzeitsflug und für die Suche nach geeigneten Plätzen zum Gründen eines neuen Volkes.

DER GRÄSERWALD

Tagelang haben sich die großen jungen

| Wann fliegen die geflügelten Ameisen? |

Königinnen und die nach Hunderten zählenden kleinen Drohnen zum Ausgang des Ameisenhügels bewegt. Aber ständig hielt sie etwas auf. Einmal waren viele Arbeiterinnen

Querschnitt durch den Körper der Blutroten Raubameise. Der Kropf, der im Hinterleib unmittelbar vor dem Magen liegt, ist eigentlich ein zweiter Magen und einer der ungewöhnlichsten Teile des Ameisenkörpers. Die ganze Nahrung wird zunächst im Kropf, dem „sozialen" Magen, gesammelt, die Nahrung wieder herausgewürgt, um die Königin und andere Ameisen zu füttern. Braucht die Ameise selbst Nahrung, preßt sie sie aus dem Kropf in ihren persönlichen Magen. Die Putzsporen an den Vorderbeinen dienen nur zur Reinigung der Fühler. Saubere Fühler oder Antennen geben einen guten „Empfang".

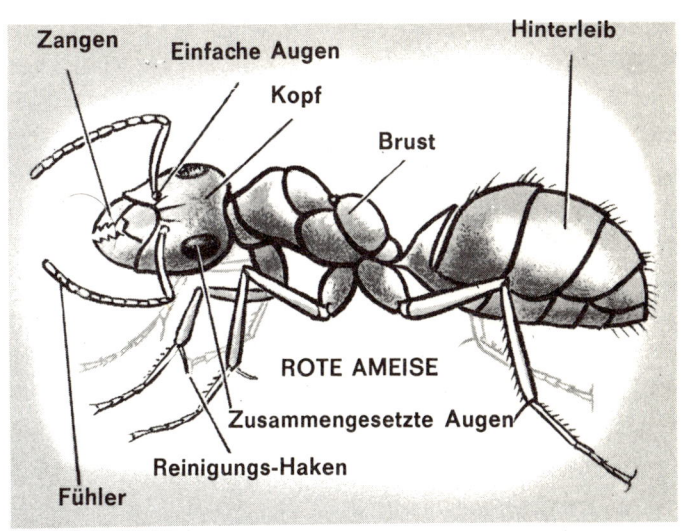

Eine Ameise sieht aus als wäre sie aus drei Teilen zusammengesetzt

Rote Ameisen gebrauchen ihre Fühler zur Verständigung

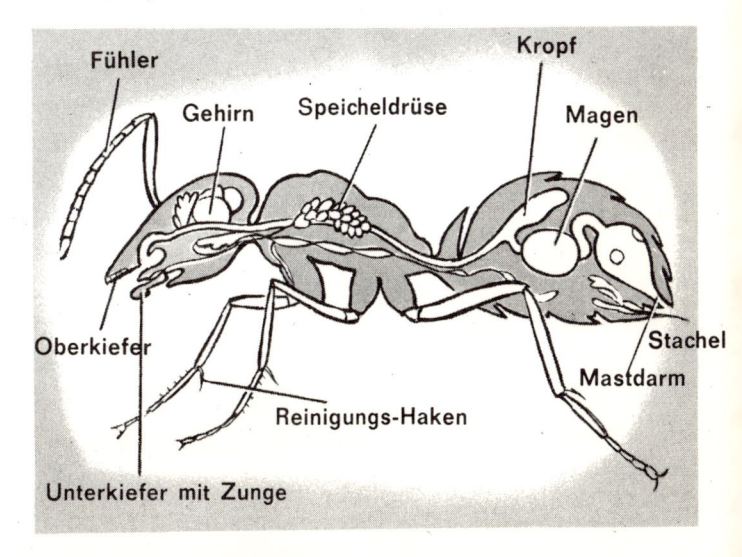

gerade dabei, einen toten Käfer herein-zuziehen, dann wieder versperrten die Arbeiterinnen selbst den Weg.

Aber heute liegt heller Sonnenschein über den Wiesen, und wie die schwär-menden Bienen oder Wespen im Spät-sommer legen auch die Ameisen ihre tägliche Arbeit beiseite. Soldaten und Arbeiterinnen eilen geschäftig hin und her. Sie schwingen ihre Fühler und drängen sich zum Ausgang. Manchmal trägt ein großer Soldat sogar eine klei-ne Arbeiterin wohl eine halbe Stunde lang herum. Inmitten der Menge bewe-gen die Drohnen und die Königinnen aufgeregt ihre noch nicht erprobten Flügel.

Endlich sind alle im Freien. Die geflü-gelten Ameisen erklettern Stengel und Gräser, recken einen Augenblick ihre Flügel — und schon sind sie gestartet. Sie steigen hoch in die Luft, bis sie nur noch als winzige Pünktchen im Sonnen-licht zu erkennen sind; sie haben den Ameisenbau für immer verlassen. Die flügellosen Arbeiterinnen, die ihnen bis auf die Spitzen der Gräser gefolgt sind, kehren in den Ameisenhügel zurück.

Vögel, Raubfliegen und Libellen zählen

Wer sind ihre Feinde?

zu den Feinden der Ameisen. Aber auch im Netz der Spinnen finden sich häufig Dut-zende von toten Ameisen. Die ganze Wiese ist mit Ge-schäftigkeit erfüllt. Unter den Vögeln, die aus unzähligen Nestern herbeige-eilt sind, haben besonders Erd-, Grün- und Grauspechte eine besondere Vor-liebe für Ameisen.

Eine große Ameisenkönigin ist über die Bäume am Rand der Wiese geflogen. Sie begegnet einer Drohne, die nur ein Drittel so groß ist wie sie, und paart sich mit ihr in der Luft. Wie die Bienen-drohne stirbt bald darauf auch das Männchen der Ameisen.

Die neue Königin gleitet herab. Und

Was macht die Königin mit den Flügeln?

jetzt geschieht et-was Erstaunliches: sie hakt ihre Beine über die glänzen-den Flügel und dreht sie damit so-lange, bis die Flügel abbrechen und zur

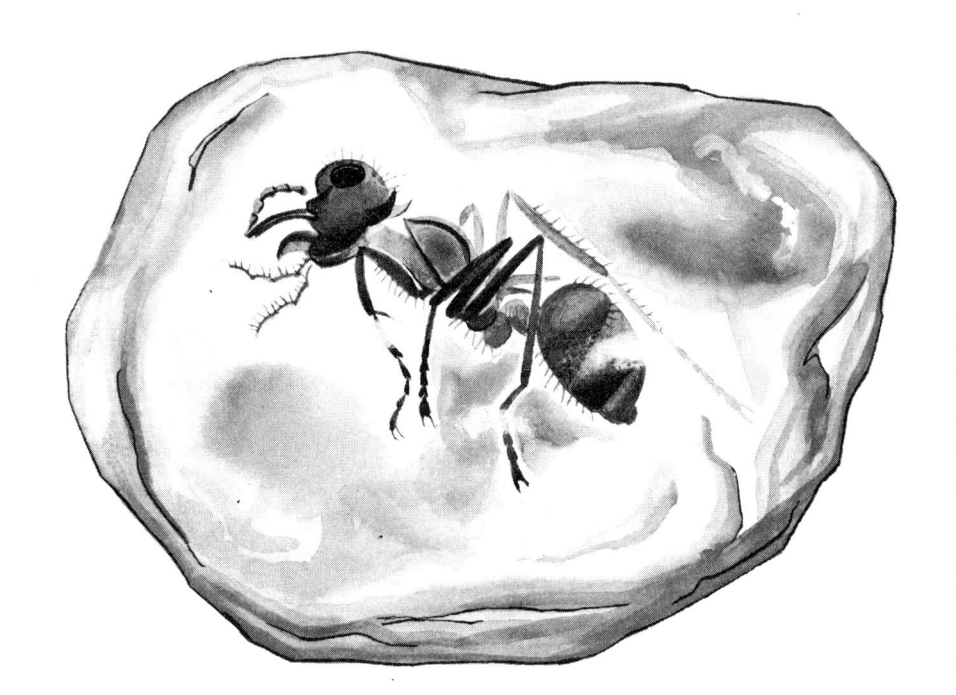

Die meisten Tiere haben im Laufe der vielen Jahrmillionen ihre Gestalt beträchtlich verändert, und viele Tiere sind ausgestorben. Die Ameisen überlebten, sie haben sich nur wenig verändert, wie diese Ameise zeigt, die vor Jahrmillionen in Harz eingeschlossen gefunden wurde.

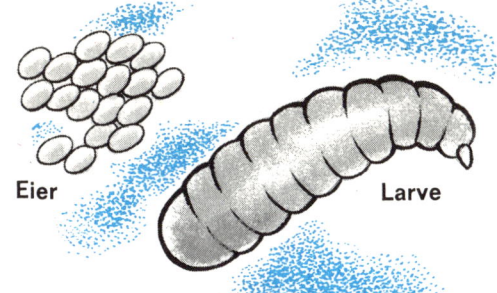

Lebenszyklus der Roten Ameise

Eier

Larve

Puppe im geöffneten Kokon

Eine Ameisenkönigin, die ihre Flügel abgeworfen hat, mit Eiern und jungen Larven.

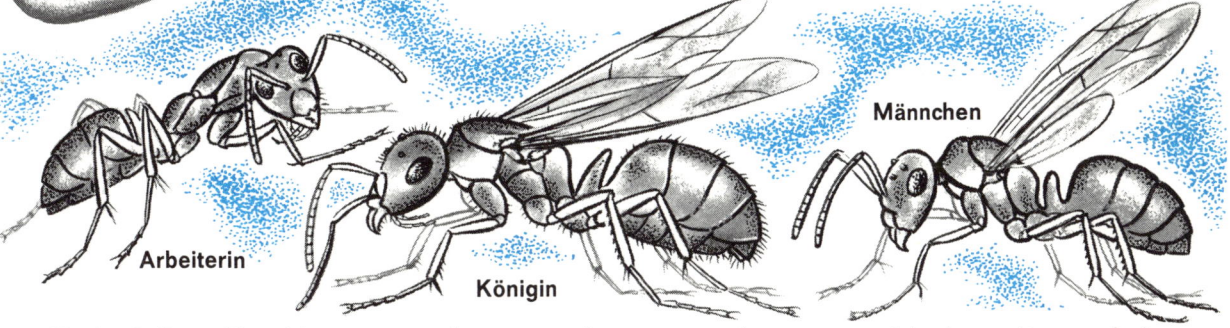

Arbeiterin

Königin

Männchen

Erde fallen. Die Königin sieht nun seltsam bucklig aus; ihre starken Flugmuskeln brauchen jetzt keine Flügel mehr zu bewegen, erhalten jedoch bald eine neue Aufgabe.

Die Ameisenkönigin sucht sich schnell einen Unterschlupf, um sich zu verbergen und eine kleine Kammer anzulegen: unter einem flachen Stein vielleicht oder am Fuße eines Baumstumpfes. Sie glättet die Kammer sorgfältig und schließt sie gegen die Außenwelt ab. In dieser dunklen Einsamkeit beginnt sie nun, ein neues Volk zu gründen. Ihre Flügelmuskulatur beginnt zu schrumpfen und führt ihre Nährstoffe wieder dem Körper zu. Die Königin verfügt jetzt über eine große Kraftreserve und legt ihre ersten Eier. Nach einiger Zeit hat sie einen kleinen Vorrat davon.

Wie kann sie nun, in ihrer Kammer eingeschlossen, Nahrung erhalten? Arbeiterinnen, die ihr beim Insektensammeln helfen, gibt es noch nicht. Womit wird

sie die ersten Maden, die nach kurzer Zeit schlüpfen, füttern.

Nun, die Nahrung ist ganz in der Nähe:

Was fressen die jungen Maden?

die Königin nimmt eines ihrer Eier und verfüttert es an eine frischgeschlüpfte Made. Auch die anderen schlüpfenden Maden werden auf diese Weise gefüttert. Außerdem gibt ihnen das Ameisenweibchen noch etwas von ihrem Speichel, aber sie bleiben so klein, daß es den Anschein hat, als würden sie in kurzer Zeit sterben.

Schließlich aber beginnen die Larven

Was sind „Zwergarbeiterinnen"?

feine Fäden zu spinnen, bis das Gespinst, in dem sie sich verpuppen werden, zu einem festen weißgelben Kokon geschlossen ist. Einen oder zwei Monate nach der Eiablage schlüpfen aus den Puppen die ersten Arbeiterinnen. Man nennt sie „Zwergarbeiterinnen", weil sie ungewöhnlich klein sind. Aber sie bilden die einzige Hoffnung für eine neue Ameisenkolonie, denn die Königin ist mit ihren Kräften fast am Ende. Die kleinen Arbeiterinnen durchbrechen die Wände der engen Kammer, schaffen die so dringend benötigte Nahrung herbei und füttern und betreuen nun ihre Mutter.

Ist das Weibchen wieder zu Kräften ge-

Wie bauen Ameisen ihre Nester?

kommen, beginnt es mehr Eier zu legen. Die neuen Larven werden von den Zwergarbeiterinnen gefüttert und größer und kräftiger als ihre Pflegerinnen. Sind sie dann selbst zu Arbeiterinnen herangewachsen, sind sie vielleicht doppelt so groß wie ihre Schwestern. Sie leben weit länger als die Zwergarbeiterinnen — sechs Monate oder noch mehr. Dann wieder passen sie auf die noch größer und kräftiger gewordenen Larven auf.

Jede Ameisenart baut ihr Nest auf ihre eigene Weise. Holzarbeiter-Ameisen legen Gänge und Kammern in Bäumen an. Wiesenameisen bauen ihre Nester einfach in den Boden. Waldameisen errichten Hügel aus Erde und kleinen Stengeln.

Ameisenhügel sind mehr als nur einfach aufgeschichtete Haufen aus Erde, Stengeln und Tannennadeln. Sie enthalten viele Gänge und Kammern. Treffen die Sonnenstrahlen auf den Hügel, schaffen die Arbeiterinnen die Larven in den durchwärmten Boden hinein. Wird es zu warm, bringen sie die Larven auf die Schattenseite.

Die Ameise wohnt gewissermaßen in

Wie finden Ameisen ihren Weg?

einem Wald aus Gras. Jeder Halm, jedes Steinchen ist ein Teil ihrer Welt. Man meint, die Ameise verfüge über ein gutes Ortsgedächtnis und orientiere sich im Gelände nach besonderen Richtpunkten. Aber sie hat noch andere Möglichkeiten, um sich bei der Nahrungssuche in ihrem „Wald" nicht zu verirren. Manche Ameisen halten sich an eine von anderen Ameisen hinterlassene Duftspur, die sich über Strecken von fünfzig und mehr Meter erstreckt. Auf diesen Straßen marschieren sie fünf oder sechs Jahre lang. Ameisen haben die längste Lebensdauer aller Insekten.

Häufig halten sie ihren kleinen Graswald so sauber wie ein Gärtner seinen Garten. Täglich entfernen sie Nah-

Die Ameisen bringen ihren Nachwuchs je nach dem Alter in verschiedenen Räumen unter. Das Bild zeigt das Nest einer Formica-Ameise mit einer Gruppe geflügelter junger Königinnen, Eiern, Konkons und Larven, die nach ihrer Entwicklungsstufe getrennt sind und von Arbeiterinnen versorgt werden.

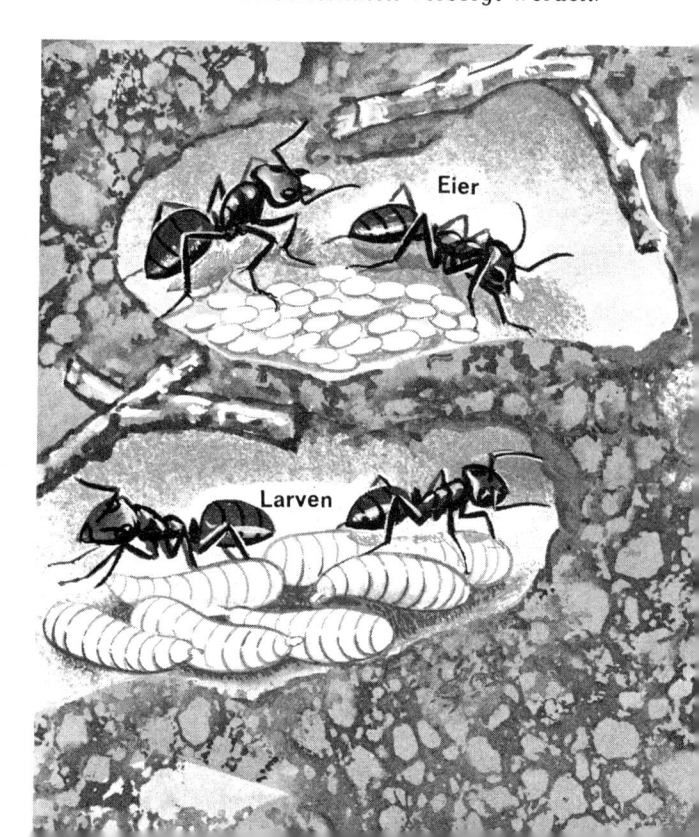

Eier

Larven

rungsbröckchen, die sie verloren haben, räumen Steinchen und kleine Stengel weg und ebnen den Boden mit ihren Vorderbeinen.

In einem Ameisennest herrscht immer reges Leben. Die kleinen Larven, die wie ein kleines „j" aussehen, werden von den Arbeiterinnen von einer Kinderstube in die andere getragen. Manchmal trägt eine Arbeiterin sechs oder acht von ihnen gleichzeitig; ihre klebrigen kleinen Körper haften aneinander. Sie bringt sie zum Futter und läßt sie fressen wie ein Schäfer seine Herde auf der Weide. Wenn sie zurückkehrt, um weitere Larven zu holen, spaziert sie einfach über sie hinweg.

Wie leben die Ameisenlarven?

Nach einigen Tagen spinnen die Larven kleine Kokons. Einige sind größer, andere kleiner als die übrigen. In diesen besonderen Kokons geschieht etwas Wunderbares: ihren Puppen wächst sozusagen ein eigener „fliegender Teppich" — vier glänzende Flügel, die ihre Eigentümer einmal weit über das Nest hinaustragen werden. Von den vielen tausend Ameisen im Ameisenhügel werden nur sie in die Lüfte steigen: es sind die zukünftigen Königinnen und Drohnen.

Die Königinnen der Ameisen erreichen ein Alter von 16 bis 18 Jahren. Sie können wie zum Beispiel die Königinnen der Wanderameisen alle paar Wochen umziehen, aber auch Jahre im eigenen Nest verbringen. Aber selbst die seßhaftesten Ameisenköniginnen verändern ihren Wohnsitz. Wann und wohin sie jedoch ziehen werden, ist eine der Fragen, auf die man noch keine Antwort gefunden hat.

Wie lange leben Ameisenköniginnen?

Während die Bienen nur Nektar und Pollen zu sich nehmen, fressen die Ameisen viele Dinge. Sie sind Gemischtköstler und verspeisen in der Tierwelt alles, was sie überwältigen können. Besonders Insekten, Spinnen, Würmer und Schnecken, aber auch die süßen Säfte von Früchten, Beeren oder Gräsersamen stehen auf ihrem reichhaltigen Speisezettel.

Was fressen Ameisen?

Entdeckt eine Ameise eine ergiebige Nahrungsquelle, eilt sie schnell zum Nest zurück. Sie bewegt ihre Fühler hin und her, klopft mit den Füßen auf den Boden, drängt die anderen Ameisen von ihrer Arbeit weg und stößt sie in die Richtung der neuen Nahrungsquelle. Schließlich drängen und schieben sich alle aufgeregt und

Wie verständigen sich Ameisen?

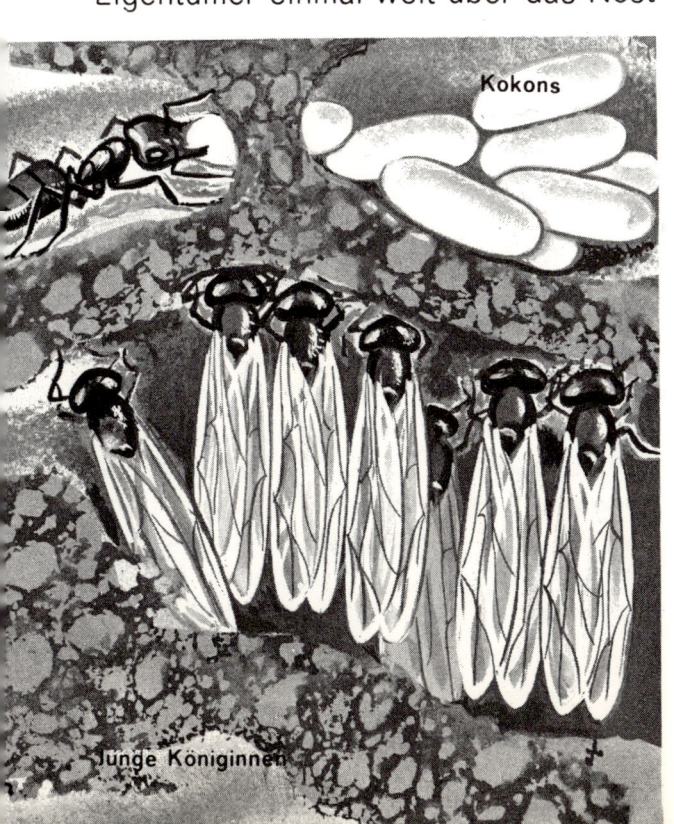

Kokons

Junge Königinnen

Die Wanderameisen haben keine Dauernester. Sie sind Nomaden und wandern mit Brut und Königin umher. Sind die Larven verpuppungsreif geworden, beziehen die Wanderameisen vorübergehend Quartier in irgendeiner Höhle. Oder sie bilden an einem Zweig eine lebende Traube.

Die Königin ist meistens wesentlich größer als die Arbeiterinnen.

stoßen manchmal mit den Köpfen wie Ziegen gegeneinander. In kurzer Zeit scheint im Nest eine allgemeine Rauferei im Gange zu sein.

Endlich verlassen sie in Scharen das Nest. Draußen laufen sie in Kreisen und im Zickzack herum. Früher oder später finden einige von ihnen die neue Nahrungsquelle. Sobald diese Ameisen heimkehren, beginnt das Drängen von neuem, bis die Futterquelle schließlich erschöpft ist.

Gelegentlich finden mehrere Ameisen gleichzeitig ein Häufchen Futter und versuchen es zum Nest zu schaffen. Die meisten ziehen in der richtigen, andere in der entgegengesetzten Richtung. Übereifrige klettern sogar auf das Häufchen hinauf und zerren nach oben.

ARMEEN AUF DEM MARSCH

Im Wald geht irgend etwas Besonderes vor. Vom Waldboden her ertönt ein raschelnder Laut. Es klingt, als fiele in einiger Entfernung Regen.

Wie leben die Wanderameisen?

Die Tiere des Waldes verhalten sich seltsam. Am Rand einer Lichtung erscheinen Mäuse und Eidechsen; sie verhoffen kurz und laufen dann weiter. Mehrere Vögel überfliegen einen dunklen, weich aussehenden „Teppich" und fangen in die Luft springende Insekten. Der „Teppich" schiebt sich langsam vorwärts. Ein Ameisenheer ist auf dem Marsch. Hunderttausende von Arbeiterinnen zerschneiden und zerteilen alles, was ihnen entgegenkommt. Eine Heuschrecke versucht zu entrinnen,

Kornfeldameise

springt jedoch kopflos in die falsche Richtung und landet geradeswegs in der Mitte des Heeres. Im Nu ist sie in Stücke zerschnitten, die sofort zu den hungrigen Larven zurückgeschleppt werden. Was sich hier auf dem Marsch befindet, ist eine Familie ohne ständige Heimat — es sind Zigeuner der Tropen. Selbst die gefährlichen Dschungelkatzen sowie die großen Schlangen fliehen vor diesem grausamen Heer.

Irgendwo in der Nachhut befindet sich die Königin. Wie die Königin der Honigbienen ist auch sie eine Gefangene, obwohl sie nicht von Wänden umgeben ist. Mit ihren Eiern ist sie so schwer, daß sie allein hilflos sein würde. Sobald sie Eier gelegt hat, werden sie von den Ammen der Ameisen weggetragen und gepflegt. Larven schlüpfen aus diesen Eiern, verpuppen sich und kommen bald als schnellaufende Arbeiterinnen zur Welt oder als gewaltige Soldaten

Unerschrockene kleine Wanderameisen greifen eine viel größere Wolfsspinne an und bleiben gewöhnlich siegreich.

mit Kiefern, die so groß und unförmig sind, daß die Soldaten nicht selbst fressen können, sondern ernährt werden müssen.

Wander- oder Treiberameisen leben in den tropischen Gebieten Afrikas und Südamerikas. Manchmal sind ihre Heerzüge einige hundert Meter lang, oft bestehen sie aus zwei Abteilungen. Die eine schafft Nahrung in die Kinderstuben zurück, die andere sucht nach weiterem Futter. Sie erklettern selbst Wespennester, die einige Meter über der Erde liegen, und rauben die Larven. Die Wespen sind gegen solche Mengen feindlicher Ameisen völlig hilflos.

37

Man kennt heute nicht weniger als

Wieviele Ameisenarten kennt man?

15 000 verschiedene Ameisenarten. Die meisten unternehmen Raubzüge wie die Treiberameisen, obgleich man sie nicht so leicht zu sehen bekommt. Von der gelben Küchenameise, die so winzig klein ist, daß sie unter einem Körnchen Zucker verschwindet, bis zu den gewaltigen glänzendschwarzen gut zwei Zentimeter langen Riesenameisen leben sie von Kampf und Raub. Die Ameisen, die nicht von anderen Insekten leben, müssen kämpfen, um ihre Nester gegen Feinde zu verteidigen.

Raubameisen dringen in das Nest be-

Welche Ameisen halten Sklaven?

nachbarter Kolonien ein und rauben Larven und Puppen, die ihnen als Sklaven dienen sollen. Im Nest der Raubameisen wachsen sie zu Hilfsameisen heran; sie helfen bei der Brutpflege und kümmern sich um ihre Stiefgeschwister, als gehörten sie selbst zur Familie. Sie nehmen den Geruch der Raubameisen an und behandeln selbst Angehörige ihrer Mutterkolonie als Feinde.

Im Kampf gegen schädliche Insekten

Sind Ameisen nützlich?

haben sich Ameisen als sehr nützlich erwiesen. In Java hängt man Nester der roten Ameise auf die schattigen Mangobäume in den Gärten, um ihre Früchte gegen einen bestimmten Käfer zu schützen.

Auch unsere Wälder werden zum Teil durch Ameisen vor schädlichen Insekten geschützt. Die Waldameisen durchstreifen Gebiete von etwa zweihundert Meter im Umkreis ihres Nestes bis in die höchsten Baumwipfel. 10 000 schädliche Insekten und mehr werden allein an einem Tage von einem Volk erbeutet.

Die Blattschneiderameisen leben in

Wie leben die „Pilzzüchter"?

Süd- und Mittelamerika und legen sich Pilzgärten an. Sie schneiden Blätter der Bäume und Büsche in Stücke, packen die Blattstücke mit den Kiefern und tragen sie wie einen Sonnenschirm über ihrem Kopf nach Hause. Im Nest zerkleinern diese „Sonnenschirmameisen", wie man sie auch nennt, die frischen Blätter und legen

Roßameise im Holz

Diebsameise

Der Schnitt durch das Nest der Wiesenameise zeigt den Erdhügel, der von den Ameisen aufgeworfen wurde. Gänge führen tief in den Boden, wo sich das eigentliche Nest befindet.

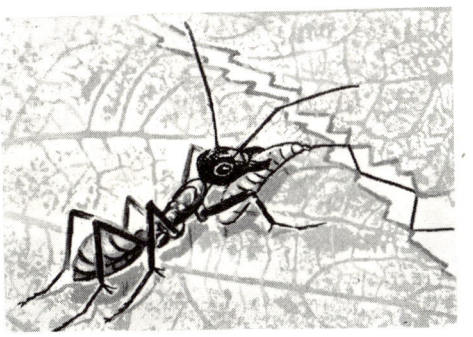

Das obere Bild zeigt den Nestbau der Weberameisen. Während eine Ameise (zweite von links) die beiden Blätter zusammenhält, halten die anderen spinnende Larven zwischen den Kiefern und schieben sie von einem Blattrand zum anderen. Allmählich füllt sich der Spalt mit dem seidigen Gewebe.

Nest der Weberameise aus zusammengefügten Blättern.

mit der Blattmasse in ihren unterirdischen Kammern Mistbeete an, auf denen Pilze wachsen. „Pilzkohlrabi" ist die Hauptnahrung der Blattschneiderameisen. Eine junge Königin nimmt auf ihrem Hochzeitsflug kleine Pilzrationen mit und legt damit in der Gründungskammer der neuen Kolonie Pilzgärten an.

Viele Ameisen sind begierig nach einem süßen Stoff, den man „Honigtau" nennt. Dieser Honigtau stammt von den Blattläusen, die sich vom

Halten die Ameisen Kühe?

Saft der Pflanzen ernähren. Die Ameise sammelt aber nicht nur die süßen Ausscheidungen der Blattläuse auf den Blättern, sondern versteht es auch, die Blattlaus zu „melken". Sie kitzelt die Laus solange mit den Fühlern, bis ihre „Milchkuh" den Hinterleib hebt und einen kleinen Tropfen Honigtau austreten läßt, den die Ameise gierig aufleckt. Mit ihrem Zuckerlieferanten gehen die Ameisen sorgsam um. Sie bewachen sie und schützen sie vor ihren Feinden.

Die kleinen Pilzgärten, die Blattlaus-„Kühe" und die lebenden Honigtöpfe erregen die Begierde vieler Feinde. Aber die Arbeiterinnen ha-

Wie schützen Ameisen ihre Nester?

ben verschiedene Möglichkeiten, sich ihrer zu erwehren. Zwar können sie nicht fliegen, aber bei den australischen „Bulldoggen-Ameisen" können sie springen, manchmal 20 bis 30 Zentimeter hoch. Andere Arten benutzen ihren Giftstachel, wieder andere packen mit ihren kräftigen Kiefern zu und spritzen eine Säure in die Wunde. Und es gibt Arten, die sogar kleine „Spritzkanonen" verwenden: sie heben den Hinterleib hoch und spritzen einen Tropfen Flüssigkeit aus.

Ameisenhügel können eine Höhe von 2,5 Meter errei-

Wie groß sind Ameisenhügel?

chen. Die „Gärten" der Blattschneiderameise können bis zu 2 Meter tief unter der Erde liegen. Aber die größten Völker und die größten Wohnungen findet man nicht bei den Ameisen.

Die Blattschneider ameisen schneiden und sammeln Blätter. Man nennt sie auch Sonnenschirmameisen, weil sie die Blätter mit ihren Kiefern packen und wie einen Sonnenschirm über ihren Kopf halten.

Mit den zerkleinerten Blättern legen sie ein Mistbeet für Pilze an. Die Blattschneiderameisen ernähren sich nicht von Blättern.

Honigtopfameise (vergr.)

Die schwammförmigen Pilzgärten sind voller Gänge. Sie liegen tief unter der Erde in besonderen Kammern.

Die „Honigameisen des Göttergartens", eine mexikanische Ameisenart, hält sich für magere Zeiten lebende Honigtöpfe. Sie hängen an der Decke besonderer Kammern. In den Monaten, in denen die Galläpfel der Zwergeiche keinen Honig ausschwitzen, von denen sich diese Ameisen gewöhnlich ernähren, gehen sie an die lebenden Honigtöpfe.

Die Ameisen streicheln mit ihren Fühlern die Blattläuse, die einen Tropfen süßer Flüssigkeit absondern.

Termiten

HÖHLEN AUS HOLZ

Die junge Termitenlarve, die eben aus

Wie sehen junge Termiten- larven aus?

dem Ei geschlüpft ist, müht sich mit einem Holzsplitterchen ab. Der Holzsplitter, der kurz zuvor von einer Arbeiterin von der Wand abgekaut wurde, ist doppelt so groß wie die junge Larve. Trotzdem räumt sie den Splitter aus der Mitte des Ganges weg, geht dann weiter und packt bei einer anderen Arbeit zu. Ja, im Termitenbau sind selbst die Jüngsten nicht untätig.

Anders als die Larven der Bienen, Wespen und Ameisen können sich die jungen Termiten selbst fortbewegen. Sie spazieren gleich auf ihren sechs Beinen im Bau herum; sie brauchen auch keine Kinderstube oder eine schützende Zelle. Die Nymphen, wie man die Larven nennt, sehen wie Miniaturausgaben der ausgewachsenen Termiten aus.

Anfangs braucht die Termitenlarve eine

Was frißt die Larve?

besondere Nahrung. Sie erhält sie von den älteren Termitenarbeitern, die etwas Futter aus ihrem Magen erbrechen und es ihr geben. Selbst die Männchen beteiligen sich daran, denn die Termitenarbeiter gehören beiden Geschlechtern an.

Wird die kleine Termite älter, ändert sich ihr Nahrungsbedürfnis. Sie beginnt die häufig aus Holz bestehenden Wände ihrer Behausung zu benagen; sie wird sich ihr ganzes Leben von Holz und Pflanzenstoffen ernähren.

Wie verdaut die Termite ihre Nahrung?

So absonderlich es klingen mag: die Termite kann ihre Nahrung — gesundes festes Holz — nicht selbst verdauen. Winzige Geißelprotozoen (Urtierchen) in ihrem Innern

Termitenhügel sind besonders in den Tropen oft sehr hoch. Das Bild zeigt den Bau einer afrikanischen Termite.

helfen ihr dabei. Sie bilden einen Stoff (Ferment) und spalten schließlich den Zellstoff bis zum Zucker auf, der vom Blutstrom der Termite als Nährstoff aufgenommen wird. Es gibt zwar einige Termitenarten, die ohne diese winzigen Helfer leben, aber sie ernähren sich nicht von gesundem, sondern von morschem, durch Pilze zerstörtem Holz und verwesenden Pflanzenstoffen.

Die Termitenlarve hat keine dieser Geißelprotozoen in ihrem Verdauungssystem. Aber sie braucht sie, ehe sie an Holznahrung herangehen kann. Wahrscheinlich erhält sie die Urtierchen, wenn sie ihre Nachbarn beleckt und Nahrung hin und hergereicht wird. Wie alle Insekten häutet sie sich; gleichzeitig verliert sie ihre Protozoen. Nachdem sie aber einige Nachbarn beleckt hat, sind wieder Urtierchen vorhanden.

Tag für Tag arbeitet die Termitennymphe mit ihren Tausenden von Brüdern und Schwestern in der Dunkelheit. Wird das Nest beschädigt, so daß Licht hereinfällt, wird die

Warum sind Termitennester geschlossen?

Öffnung rasch mit einer Mischung aus Speichel und Holzmehl verschlossen. Nach kurzer Zeit ist das Nest wieder kühl und dunkel. Es ist nicht das Licht, das die Termiten stört, denn sie sind blind. Aber die trockene Außenluft würde sie bald töten, da sie eine bestimmte Feuchtigkeit zum Leben brauchen.

Es ist nicht leicht, festzustellen, ob Termiten im Holz von Häusern am Werke sind. Ihre Gänge befinden sich im Inneren des Holzes und stets unter der Oberfläche. Man kann es dem Holz also von außen nicht ansehen, ob sich Termiten darin aufhalten. Nur wenn man die Festigkeit des Holzes prüft, erhält man Gewißheit. Termiten haben sich schon vom Keller bis zum Dach durch Holz gefressen, ohne daß ihr Gang auch nur einmal die Oberfläche des Holzes durchbrach.

Die Nymphe kann sechs oder sieben Jahre alt werden. Ist sie im Begriff, sich zu einer Königin oder einem König zu entwickeln, beginnen sich am Bruststück kleine Höcker abzuzeichnen. Dort entstehen später die Flügel. Ist es nur eine Arbeiterin, entwickeln sich solche Höcker nicht. Mit jeder Häutung werden diese Ansätze größer, bis die Termite voll ausgewachsen ist. Dann wartet sie im Nest auf den Tag, an dem sie ausfliegen wird. In sehr trockenen Gebieten dauert die Wartezeit manchmal bis zu sechs Jahren.

Wie lange leben Termiten?

Niemand weiß, wie es kommt, daß die Termiten gerade an einem bestimmten Tag ausfliegen. Plötzlich sind sie zu Tausenden da. Sie sehen fast wie fliegende Ameisen aus,

Wann ist der beste „Flugtag" der Termite?

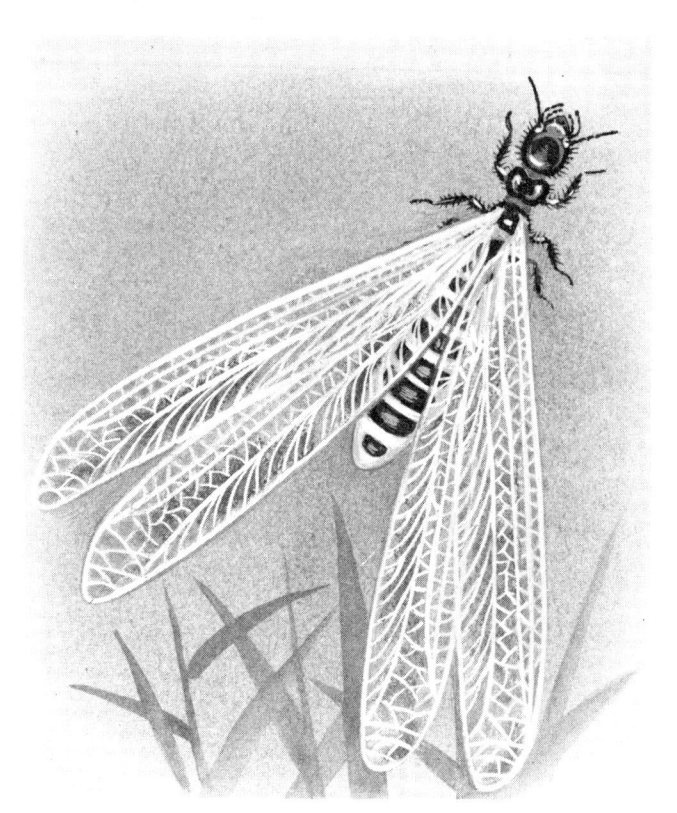

Die Flügel der Termitenkönigin sehen aus, als ob sie aus sehr zarter Spitze hergestellt wären.

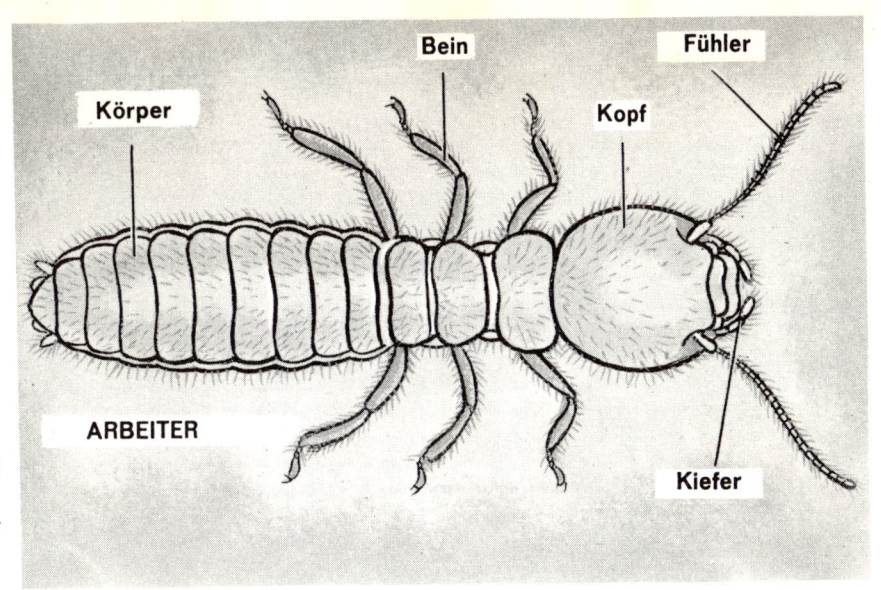

Wenn man diese Abbildung mit der Zeichnung auf Seite 31 vergleicht, erkennt man, daß die Termite — die auch weiße Ameise genannt wird — nichts mit der Ameise gemein hat. Sie ist so weit von der Ameise entfernt wie ein Pferd von einem Flußpferd. Ihre Körper haben keine Ähnlichkeit miteinander, die Larven entwickeln sich anders, und auch die Organisation der Staaten weicht voneinander ab. Eine Termite ist keine weiße Ameise.

Körper · **Bein** · **Fühler** · **Kopf** · **Kiefer**

ARBEITER

aber ihre Körper sind dicker und ihre Flügel alle gleich groß. Ameisen sind schlanker und ihre Vorderflügel sind länger als die Hinterflügel. Wie die meisten Ameisen werfen auch die Termiten unmittelbar nach dem Flug — mag er auch noch so kurz gewesen sein — die Flügel ab.

Und dann geschieht etwas Seltsames: das Termitenweibchen hebt ihren Hinterleib hoch in die Luft. Besondere Duftdrüsen sondern einen Duftstoff ab, der von der Luft fortgetragen wird. Auch das Männchen kann nicht mehr fliegen, denn auch seine Flügel sind abgebrochen. Hastig kriecht es über Stengel und Steinchen, bis es das Weibchen gefunden hat. Sie berühren einander mit den Antennen und suchen sich sofort eine Wohnung: in der Spalte eines Holzklotzes oder eines morschen Baumstumpfes, um sich zu paaren und einen neuen Bau anzulegen.

Von allen sozialen Insekten haben nur Termiten einen König. Die Königinnen aller übrigen Insekten sind Witwen; sie haben die Männchen beim Hochzeitsflug verloren. Eine Termitenfamilie wächst nur langsam, manchmal nur mit wenigen Nymphen im ersten Jahr. Das „königliche" Paar hat es nicht eilig. An Nahrung mangelt es nicht, außerdem sind Termiten die am längsten lebenden Insekten. Einige Wissenschaftler meinen, Termiten können 40 Jahre alt werden.

Die Königin wird immer größer, bis ihr Körper nur noch ein großer, mit Eiern gefüllter Sack ist. Ein Ei nach dem anderen wird erzeugt; bald ist sie nur noch eine eierlegende Fabrik. Die Arbeiter trichtern ihr an einem Ende ihren Lieblingsbrei ein, nehmen am anderen Ende die Eier im Empfang und tragen sie weg.

Wie lange lebt das Königspaar?

Warum nennt man die Königin eine „Eier-Fabrik"?

Die afrikanische Macrotermes errichtet die größten Insektenbauten, die überhaupt auf der Erde existieren. Man hat Termitenhügel von zwölf Meter Höhe gemessen. Das „königliche" Paar lebt in einer besonderen Kammer, der sogenannten „Königszelle". Die mit Eiern gefüllte Partnerin des Königs sieht fast wie eine Wurst aus. Sie legt jährlich etwa 10 Millionen ungeheuere fette Eier.

Wie groß sind Termitenbauten?

Vielleicht entwickelt sich die Nymphe

Was sind Termitensoldaten?

weder zu einem König noch zu einer Königin oder einem Arbeiter, sondern zu einem Soldaten. Bei jeder Häutung wird dann der Kopf größer und härter. Die Kiefern werden stärker, bald scheint der ganze Soldat nur noch aus einem Kopf zu bestehen. Der Soldat schützt die Termiten gegen ihre Feinde. Ist der Bau an einer Stelle beschädigt, stürzen die Soldaten eiligst hin. Sie schlagen Alarm, indem sie mit ihren Kiefern gegen die Wände der Gänge trommeln. Jetzt geraten alle Termiten in Bewegung, und bald ist die schadhafte Stelle ausgebessert.

Neben den Kiefersoldaten, deren Kopf

Was ist ein „Nasensoldat"?

mit den Oberkiefern oft größer ist als der übrige Körper, gibt es „Nasensoldaten". Sie haben auf der Stirn ein langes, nasenartiges Horn mit einer Öffnung, aus der eine klebrige Flüssigkeit tritt, mit der sie den Feind beschmieren und kampfunfähig machen.

Bei den Ameisen, Bienen und Wespen haben die Arbeiterinnen kaum Gelegenheit, Eier zu legen. Arbeiter- und Soldatentermiten dagegen werden gelegentlich sogar „zweite" Königinnen Zwar werden sie nie so fett wie ihre gewaltige Mutter, aber sie paaren sich im Nest mit einem Männchen und eröffnen eine eigene Eierfabrik.

Man kennt ungefähr 2000 verschiedene

Wieviele Termitenarten gibt es?

Arten. Einige haben sich wie auch manche Ameisen Pilzgärten auf vermodertem Laub angelegt. Andere leben in Gängen, die sich in alten Bäu-

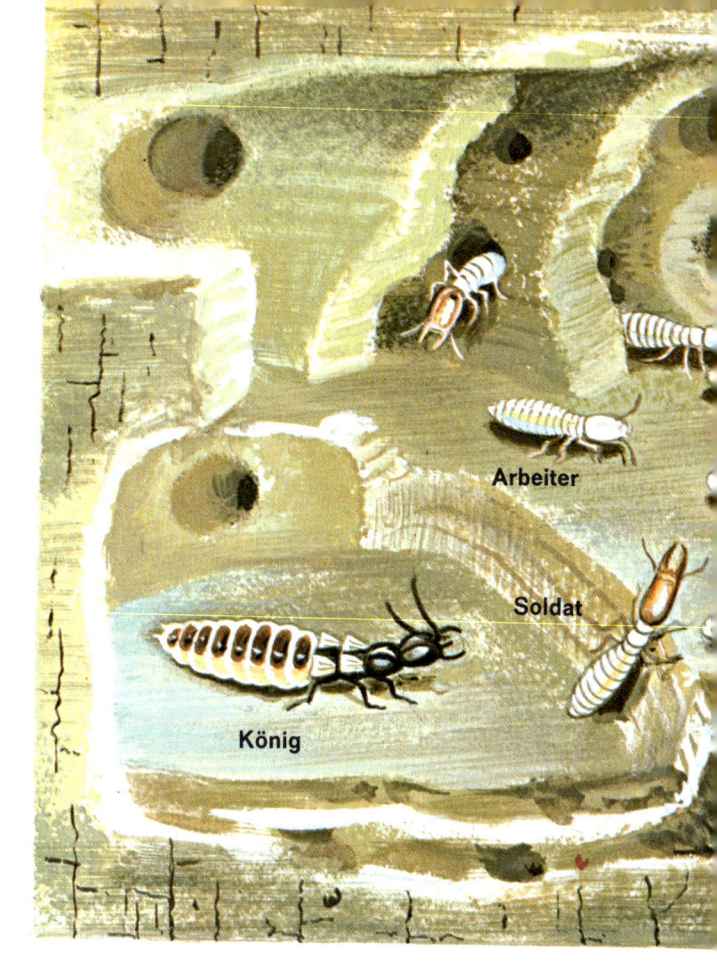

Arbeiter
Soldat
König

men befinden und nach unten in den Boden führen. Wieder andere bauen unterirdische Galerien von fünfzig Meter Länge. Und noch andere errichten über der Erde Bauten, die wie große Pilze aussehen.

Noch seltsamer als die Termiten sind die Tiere, die sich bei ihnen eingeschlichen haben. Ein Termitenbau beherbergt wie die Ameisenhügel, die Bienenstöcke und Wespennester sonderbare kleine Gäste. Einige von ihnen sind „Bettler", andere „Diebe".

UNGEBETENE GÄSTE

Unauffällig schlüpft eine kleine Wachs-

Kann eine kleine Motte eine Honigwabe zerstören?

motte in den Bienenstock. Wird sie von den Bienen entdeckt, wird sie von ihnen getötet. Sonst aber legt sie ein Ei im Stock ab und fliegt davon. Bald schlüpfen aus den Eiern, die Rau-

Eier

Königin

Die Termiten-„Majestäten im „Thronsaal"
ihrer „Burg" aus zerkautem Holz. Die
Königin wird von den Arbeitern gefüttert;
andere Arbeiter kümmern sich um die
Eier; der König und ein Soldat halten sich
in der Nähe auf. Dies sind Holztermiten.

pen, die dann zur Honigwabe kriechen und sich durch das Wachs fressen. In kurzer Zeit ist die prächtige Honigwabe zerstört.

Welche Bienenschädlinge gibt es noch?

Eine Biene kehrt mit drei oder vier Fliegen, die sich an ihrem Körper festgesetzt haben, in den Stock zurück. Es sind sehr kleine, flache, flügellose Fliegen, die die Biene als Flugzeug benutzen. Sind sie im Bienenstock angelangt, legen sie ihre Eier ab. Die winzig kleinen Larven durchfressen die Wachskappen der Bienenwiegen. Sobald sie ausgewachsen sind, besteigen sie ein anderes Flugzeug. Manchmal klammert sich die Larve eines Ölkäfers an eine Biene, während diese in einer Blüte nach Nektar sucht, und läßt sich von ihr in den Stock tragen. Dort ernährt sie sich vom Bienenei, verwandelt sich bei der Häutung in eine madenförmige, stummelfüßige Larve und lebt von dem für die Bienenlarve bestimmten Honigbrei. Schließlich verwandelt sie sich in eine hornige Scheinpuppe, dann in eine wurmähnliche Larve, endlich in eine echte Puppe. Aus dieser geht dann der eigentliche Ölkäfer hervor, der den Stock verläßt.

Welche Insekten besuchen Wespennester?

Auch Wespenfamilien haben ihre Gäste. Wenn die Wespenkönigin mit dem ausschlüpfenden Arbeitervolk ihr Nest mit den großen Papierwaben angelegt hat, dringt manchmal die Königin eines anderen Wespenvolkes in das Nest ein. Sie kämpft mit der Königin und tötet sie. Dann beginnt sie, Eier zu legen, und schon nach wenigen Wochen leben im Nest nur noch Angehörige der fremden Königin.

Wespen halten sich manchmal kleine Dienerinnen, die ihren Abfall beseitigen. Es sind die Larven der gewöhnlichen Kleidermotte. Sie ernähren sich von den leeren Hüllen der Insekten, die die Wespen weggeworfen haben. Die Larven der Hummel- oder Federfliege leben von toten Insekten. Sind nicht genügend vorhanden, verspeisen sie auch die Wespenlarven, ehe die Arbeiterinnen sie daran hindern können.

Die Ameisen haben die meisten Gäste und Besucher.

Die Gäste der Ameisen

Einer davon ist der Atemeleskäfer. Er sondert aus seidenglänzenden, gelben Haarbüscheln eine süße Flüssigkeit ab, die von

Geflügeltes Männchen
und Nymphe

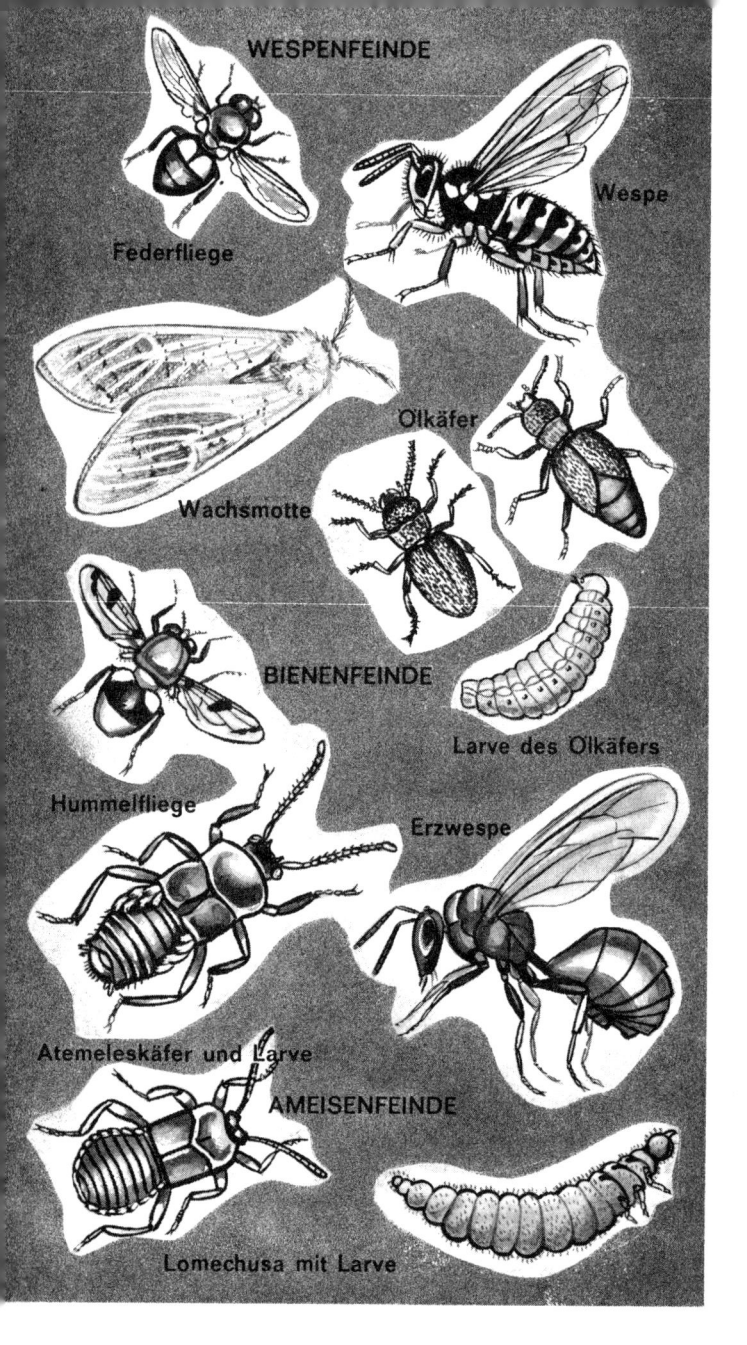

WESPENFEINDE

Federfliege

Wespe

Ölkäfer

Wachsmotte

BIENENFEINDE

Larve des Ölkäfers

Hummelfliege

Erzwespe

Atemeleskäfer und Larve

AMEISENFEINDE

Lomechusa mit Larve

den Ameisen gierig aufgeleckt wird.
Der Atemeleskäfer wird von den Ameisen gefüttert und lebt mit ihnen im besten Einvernehmen. Seine Larven gehen allerdings ihre eigenen Wege. Sie belohnen die Gastfreundschaft der Ameisen, indem sie ihre Eier, Larven und Puppen verspeisen.
In den abgelegenen Gängen des Ameisenhügels hausen Raubkäfer. Sie überfallen einzelne Ameisen, reißen ihr die Larve aus den Kiefern und machen sich davon. Verfolgt die Ameise sie, spritzen sie ihr eine scharfe Flüssigkeit entgegen.

Selbst die grausamen Wanderameisen haben ihre Schmarotzer. Verschiedene Käfer, von denen einige den Wanderameisen ähneln, marschieren in ihrem Heerzug mit. Wird die erbeutete Nahrung nach hinten zu den hungrigen Larven gebracht, bedienen sie sich.
Die Weibchen mancher Ameisenarten sind zum Teil nicht mehr fähig, selbst eine Kolonie zu gründen, und dringen in ein fremdes Ameisennest ein. Der fremde Körpergeruch macht die Wirte jedoch auf den Eindringling aufmerksam, der dann von ihnen getötet wird. In anderen Fällen gelingt es dem eingedrungenen Weibchen, die Königin der Wirtsameisen zu töten. Die Ameisen, die nun ohne Königin sind, adoptieren das fremde Weibchen. Sie pflegen ihre Eier und die Jungen. Da die Wirtsameisen dahinsterben, gehört das Nest bald der Familie der schmarotzenden Ameisen.
Der Büschelkäfer Lomechusa, ein Raubkäfer, ist Gast einer Ameisenart, die ihn so reichlich mit Nahrung versorgt, daß ihre eigene Kolonie dabei zugrunde geht.

Selbst die blinden, im Dunkeln lebenden Termiten haben ihre kleinen Gäste. Die weiße Milbe, ein winziges Tierchen, krabbelt auf der Termite herum. Und wenn die Termite eine andere füttert, ist die Milbe pünktlich zur Stelle und schmarotzt an dem Nahrungsbläschen, das von einer Termite zur anderen wandert.

Welche Tiere leben in Termitenbauten?

In den Termitenbauten leben Käfer der verschiedensten Art, und die Termiten versuchen, sich ihrer zu erwehren, so gut sie es vermögen.

Was ist ein Jerrymunglum?

Zwei ihrer ärgsten Feinde hausen direkt in ihrer Wohnung. Der eine Feind ist die Termiteneidechse, die sich jede Termite schnappt, deren sie habhaft werden kann; der andere ist die braune, haarige etwa 2 cm große Sonnenspinne, auch Jerrymunglum genannt. Mit ihren wie Drahtzangen wirkenden Kiefern arbeitet sie sich durch die Wände der Termitengänge und frißt alle Termiten, die ihr begegnen.

Wie kommt es, daß die in einem Staatenverband lebenden Insekten fremde Tiere in ihren Nestern dulden? Die meisten dieser Tiere, meint man, haben etwas Besonderes an sich, das den Insekten irgendwie zu gefallen scheint. Eine ausreichende Erklärung für dieses Verhalten gibt es nicht. Vielleicht findet man die eine oder andere Antwort, wenn man sich einen Insektenzoo einrichtet.

Ein kleiner Insektenzoo

Honigbienen zu beobachten, ist eine spannende Beschäftigung. Wenn man günstig wohnt und außerdem noch jemand kennt, der einen

Wie beobachtet man Bienen?

Bienenstock besitzt und einem etwas behilflich ist, kann man sich eine Bienenkolonie unter Glas anlegen. Am besten stellt man den Behälter an einen hellen Platz, keineswegs jedoch in direktes Sonnenlicht. Dann hat man eine prächtige Gelegenheit, die Bienen bei ihrer Arbeit zu beobachten.

Womit die Bienen gefüttert werden sollen? Nun, man braucht das Fenster nur 1 bis 1,5 cm offenstehen zu lassen, dann ernähren sich die Bienen von selbst. Sie fliegen weg und kehren nach einer halben Stunde mit Nektar und Pollen beladen zurück.

Wespennester legt man nicht künstlich an, sondern läßt sie am besten an Ort und Stelle. Man beobachtet sie mit einem Feldstecher und sieht die Wespen mit Fliegen und anderen Insekten heimkehren.

Wie kann man Wespen beobachten?

An der Unterseite von Dächern, im Holz oder in Hohlräumen kann man Grabwespen finden. Sie sind gutmüti-

ger als die lästigen Wespenarten, die Obst benagen und Süßigkeiten naschen. Verhält man sich ruhig, geschieht einem nichts. Man sieht sie emsig Insektenlarven, durch einen Stich gelähmte Insekten und Spinnen eintragen, die ihre Nahrung bilden. Sandwespen haben ihre Brutzellen im Erdboden angelegt, und man kann sie dabei beobachten, wie sie Raupen in ihre Löcher ziehen.

Ein künstlich hergestelltes Nest für Ameisen, um ihre Lebensgewohnheiten zu studieren, nennt man nach dem lateinischen Wort für

Wie stellt man ein Nest für Ameisen her?

Ameise (formica) ein Formicarium. Es läßt sich leicht aus zwei Glasscheiben herstellen, die man in einen Holzrahmen einsetzt. (Siehe die Abbildung auf der letzten Seite.) Nun muß man versuchen, sich ein kleines Ameisenvolk zu beschaffen: Königin, Arbeiterinnen, Larven und Kokons. Man bringt sie mitsamt den Gästen, die sich vielleicht gerade bei ihnen aufhalten, in das Formicarium. (Unsere Rote Waldameise gehört in Deutschland zu den unter Naturschutz stehenden Tieren.)

Man braucht für dieses künstliche Ameisennest keinen Boden. Bevor man es verschließt, legt man in eine Ecke

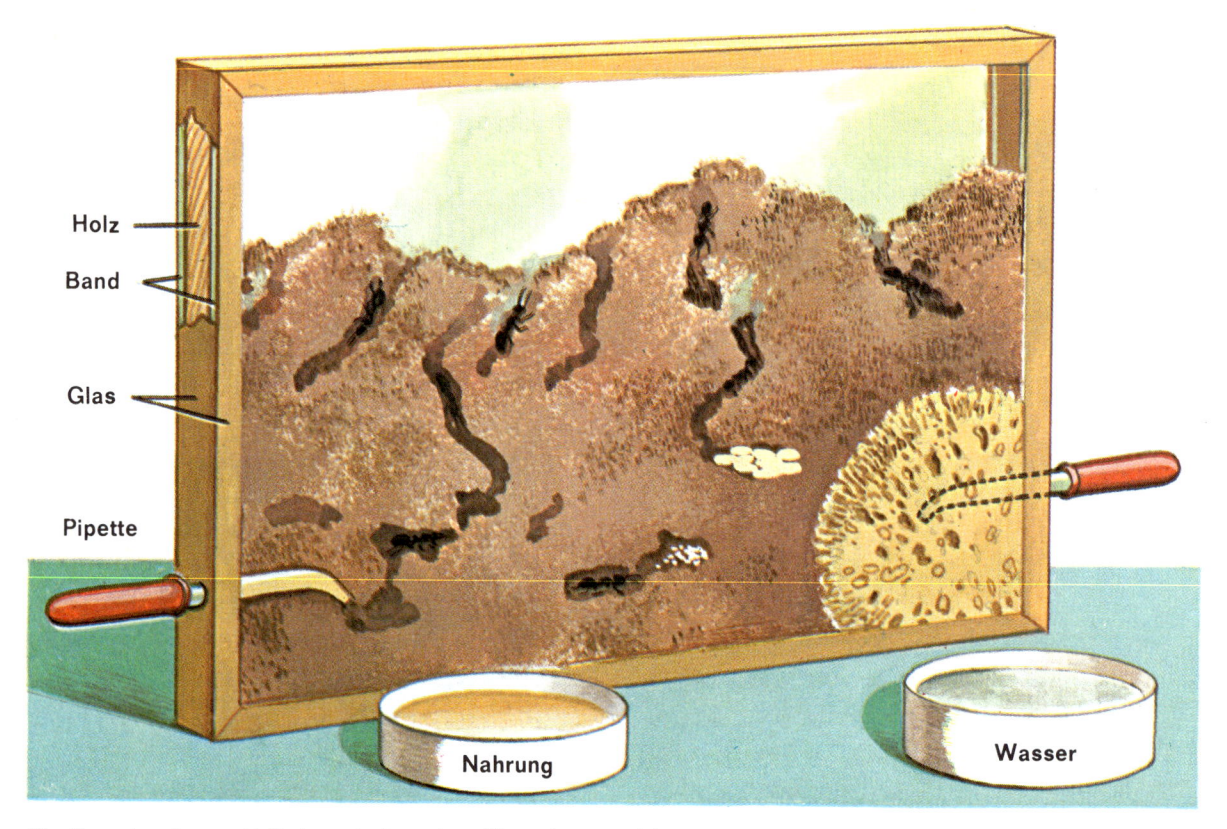

Holz

Band

Glas

Pipette

Nahrung

Wasser

Ein Formicarium mit Erde zwischen den Glasscheiben bietet eine gute Gelegenheit, das Leben von Ameisen zu beobachten.

einen Schwamm und bohrt zwei Löcher in den Holzrahmen: einen für die Pipette, um den Schwamm zu befeuchten, das andere für eine Pipette, durch die man eine Mischung aus Honig, Wasser und aufgelöster Butter mit etwas Eiweiß als Nahrung für die Ameisen tröpfeln kann.

Solange man die Ameisen nicht beobachtet, muß das Nest mit dunklem Papier abgedeckt sein. Mit Hilfe von rotem Zellophan oder Glas kann man die Ameisen bei ihren verschiedenen Arbeiten gut beobachten, ohne sie zu stören. Es ist zum Beispiel hoch interessant, ihnen beim Füttern ihrer Königin und Versorgen ihrer Jungen zuzuschauen.

Der beste Insektenzoo befindet sich indes in der freien Natur. Durch ein gutes Vergrößerungsglas kann man die Insekten und ihre Lebensgewohnheiten deutlich erkennen. Auch

Wo findet man den besten Insektenzoo?

in einem Park in der Stadt wohnen Ameisen, Bienen und Wespen, die man beobachten kann. Ein Strauß Blumen oder eine kleine Schüssel mit Honig am offenen Fenster locken in kurzer Zeit Insekten an.

Im Zoo in der freien Natur sehen wir die Ameisen ihre endlosen Kämpfe austragen, um ihre zahlreichen Feinde vom Nest fernzuhalten. Eine Ameise hat dabei den Hinterleib verloren, kämpft aber unverzagt weiter.

Läßt man ein Stück Papier auf den Duftpfad der Ameisen fallen, kann man zuschauen, wie sie emsig bemüht sind, ihren Weg wiederzufinden. Auch von welchen Farben die Bienen am stärksten angezogen werden, läßt sich durch geduldiges Beobachten feststellen.

Es gibt noch viele andere Dinge, die man durch eigene Beobachtung herausfinden kann. Am besten macht man sich kleine Notizen; schließlich stellt man fest, daß man ein ganzes Buch geschrieben hat.